Uwe Mylatz

Freier Wille – freie Wahl

Philosophie, Naturwissenschaft und Technik
Band 14

Uwe Mylatz

Freier Wille – freie Wahl

Eine Kritik neurowissenschaftlicher Zugänge zu Willensfreiheit und Determinismus

Frank & Timme
Verlag für wissenschaftliche Literatur

Umschlagabbildung: © Jorm Sangsorn – stock.adobe.com

ISBN 978-3-7329-0927-8
ISBN E-Book 978-3-7329-9022-1
ISSN 2365-4074

Herstellung durch Frank & Timme GmbH,
Wittelsbacherstraße 27a, 10707 Berlin.
Printed in Germany.
Gedruckt auf säurefreiem, alterungsbeständigem Papier.

www.frank-timme.de

Inhaltsverzeichnis

Abkürzungen ... **8**

1 Einleitung ... **9**

2 Positionen ... **13**

3 Minimalistische Freiheitsbegriffe ... **21**

3.1 Willensfreiheit bei Sven Walter ... 21

3.2 Willensfreiheit bei Michael Pauen ... 23

4 Neurowissenschaftliche Experimente zur Willensfreiheit ... **27**

4.1 Benjamin Libet ... 27

4.1.1 Fragestellung ... 27
4.1.2 Das Experiment ... 27
4.1.3 Veto-Funktion ... 29
4.1.4 Auswirkung auf freiwillige Handlungen im Allgemeinen ... 30
4.1.5 Determinismus und Freier Wille ... 31
4.1.6 Rückdatierung von Erfahrungen (Time-on-Theorie) ... 33

4.2 Haggard und Eimer ... 35

4.2.1 Zeitpunkt der bewussten Entscheidung bei alternativen Möglichkeiten ... 35
4.2.2 Bindungsproblem ... 36

4.3 Haynes ... 38

4.3.1 Unbewusste mentale Prozesse ... 38
4.3.2 Vorhersage abstrakter Entscheidungen ... 39
4.3.3 Möglichkeiten eines Vetos ... 41

4.4 Herrmann ... 43

4.5 Zusammenfassung ... 44

5 Freiheitsverneinende Interpretationen der neurowissenschaftlichen Experimente ... **45**

5.1 Gerhard Roth ... 45

5.1.1 Experimentelle Überprüfung ... 45

5.1.2 Neuronale Aktivitäten bei willentlichen Handlungen 46
5.1.3 Neurowissenschaftliche Experimente 47
5.1.4 Schlussfolgerungen von Roth 47

5.2 Wolfgang Prinz 50

5.2.1 Freiheit als Illusion 50
5.2.2 Freiheit als Konstruktion 52
5.2.3 Wirksamkeit subjektiver Wahrnehmung 53

5.3 Wolf Singer 54

6 Kritik an den Methoden der neurowissenschaftlichen Experimente 55

6.1 Kritik am Experiment von Libet 55

6.1.1 Zeitmessung der bewussten Entscheidung 55
6.1.2 Durchschnittsberechnung von Messungen 57
6.1.3 Interpretation des Bereitschaftspotentials 57
6.1.4 Spekulative Annahmen zum Veto 59

6.2 Kritik an Haynes, Herrmann, Haggard und Eimer 62

7 Kritik an philosophischen Folgerungen aus den neurowissenschaftlichen Experimenten 65

7.1 Das Determinismusargument und weitere Argumente 65

7.2 Dualistisches Weltbild 69

7.3 Distale versus proximale Entscheidungen 70

7.4 Gibt es den Willensimpuls? 72

7.5 Kategorienfehler 73

7.6 Introspektion 75

8 Kompatibilistische Deutungsalternativen der Experimente 77

8.1 Fähigkeit zur Antizipation – Das Argument alternativer Möglichkeiten 77

8.1.1 Daniel Dennett 78
8.1.2 Peter Bieri 80
8.1.3 Thomas Goschke 82

8.2 Vorschlag eines Freiheitsbegriffs im Anschluss an kompatibilistische Theorien 88

8.3 Einwände gegen kompatibilistische Theorien 94

8.3.1 Manipulationen 98

8.3.2 Bedingtheit des Willens – Das Konsequenzargument 102

8.3.3 Scheinbare Ohnmacht des empirischen Subjekts 106

8.3.4 Diskussion der Einwände 108

9 Weitere Aspekte der Freiheitsdebatte 111

10 Fazit 115

10.1 Der Stellenwert der neurowissenschaftlichen Experimente 115

10.2 Die Gefährdung der Freiheit 117

Literaturverzeichnis 123

Danksagung 129

Abkürzungen

AM:	Argument alternativer Möglichkeiten
BA 10:	frontopolar cortex Brodman area 10
BMF:	bewusstes mentales Feld
BP:	Bereitschaftspotenzial bzw. Zeitpunkt des Auftretens
BP I:	Bereitschaftspotenzial bei einer vorausgeplanten Bewegung (pre-planing)
BP II:	Bereitschaftspotenzial bei einer spontanen Bewegung (no pre-planing)
EEG:	Elektroenzephalographie (Messung der elektrischen Aktivität des Gehirns)
EMG:	Elektromyografie, Messung der Muskelaktivität
FC:	facilitated communication (gestützte Kommunikation)
fMRI:	functional magnetic resonance imaging (funktionelle Magnetresonanztomographie)
fMRT:	funktionelle Magnetresonanztomographie
KA:	Konsequenzargument
LBP:	lateralisiertes Bereitschaftspotenzial
LRP:	Lateralized readiness potential
M:	Zeitpunkt einer Bewegung
MPFCa:	anteriorer medialer präfrontaler Kortex
MPFCp:	posteriorer medialer präfrontaler Kortex
primäres EP:	primäres Ereignispotenzial
RP:	readiness potential (Bereitschaftspotenzial)
SMA:	supplementary motor area (supplementär-motorische Rinde)
TMS:	transkranielle Magnetstimulation (transcranial magnetic stimulation)
W:	Zeitpunkt der Wahrnehmung einer bewussten Entscheidung
S:	Zeitpunkt der Wahrnehmung eines externen Stimulus

1 Einleitung

In diesem Buch soll die Aussagekraft neurowissenschaftlicher Experimente für die Diskussion der Willensfreiheit untersucht werden. Aus den Ergebnissen der Experimente von Benjamin Libet, John-Dylan Haynes, Patrick Haggard, Manfred Eimer, Christoph Herrmann und anderen haben Neurowissenschaftler und Philosophen (z.B. Wolf Singer, Gerhard Roth und Wolfgang Prinz) geschlossen, dass unsere Willensfreiheit eine Illusion ist, dass wir unfrei sind. So sagt Prinz in einem Gespräch mit Sabine Schmidt und Julia Wolf:

> Die Idee eines freien menschlichen Willens ist mit wissenschaftlichen Überlegungen prinzipiell nicht zu vereinbaren. Wissenschaft geht davon aus, daß alles, was geschieht, seine Ursachen hat und daß man diese Ursachen finden kann. Für mich ist unverständlich, daß jemand, der empirische Wissenschaft betreibt, glauben kann, daß freies, also nicht-determiniertes Handeln denkbar ist. (Prinz 2004a, S. 22)

In „Freiheit oder Wissenschaft" schreibt er: „Wir tun nicht, was wir wollen, sondern wir wollen, was wir tun" (Zitat in Walter 2016, S. 2).

Singer folgert nach einer Beschreibung der verschiedenen Bedingungen unseres Handelns kurz: „Keiner kann anders, als er ist" (Singer 2004, S. 63).

Und in „Ein neues Menschenbild" stellt er die Auffassung in Frage, nach der wir in der Lage sind, unser Handeln nach Gründen und Überlegungen auszurichten: „Wir handeln und identifizieren die vermeintlichen Gründe jeweils nachträglich" (Zitat in Walter 2016, S. 2).

Es wurde von anderen kritisiert, dass die Ergebnisse der Experimente keinen so eindeutigen freiheitsskeptischen bzw. freiheitsverneinenden Befund zulassen. Ferner war ein Kritikpunkt, dass viele Neurowissenschaftler von einem problematischen Freiheitsbegriff ausgehen. So wird von vielen von ihnen vorausgesetzt, dass Freiheit erfordert, dass die Seele, der Geist oder das Ich in das natürliche Geschehen eingreifen können, ohne selbst durch die Abläufe in der materiellen Welt beeinflusst zu werden. Es wird also ein Dualismus von Bewusstsein und Materie, von Geist und Körper, vorausgesetzt. Man ist nur frei, wenn man spontan und vollkommen selbstbestimmt, unbeeinflusst von Faktoren und Bedingungen, die nicht dem eigenen Willen entspringen, entscheiden und handeln kann.

Ich werde als Kritiker der freiheitsskeptischen bzw. freiheitsverneinenden Schlussfolgerungen aus den neurowissenschaftlichen Experimenten zunächst Sven Walter und Michael Pauen und später Daniel Dennett, Peter Bieri und Thomas Goschke heranziehen. Es soll darum gehen, die problematischen Begriffe von Handlung und Freiheit vieler Wissenschaftler zu hinterfragen und einen konsistenten Freiheitsbegriff zu entwickeln, der mit den Ergebnissen der Experimente vereinbar ist. Der Begriff der Freiheit sollte nicht unseren Intuitionen widersprechen und nicht so definiert werden, dass er in sich widersprüchlich wird. Freiheit sollte aber über Handlungsfreiheit hinausgehen (ein Drogenabhängiger wäre sonst nämlich frei, wenn er seinem Wunsch nach Drogen nachkommen könnte). Es ist deshalb eine Willens- und Entscheidungsfreiheit erforderlich, die aber nicht in bloße Willkür ausartet.

Der Freiheitsbegriff, den die Philosophen entwickeln, sollte sich ferner an einem alltagssprachlichen Gebrauch orientieren, damit sie nicht über künstliche Probleme sprechen, sondern über die Fragen, die sich aus unserer Lebenspraxis ergeben und für diese von Bedeutung sind. Der Begriff sollte auch möglichst klar definiert sein, und es sollten Kriterien vorhanden sein, die angeben, wann der Begriff anwendbar ist und wann nicht.

Im nächsten Kapitel „Positionen" sollen die verschiedenen Haltungen zur Vereinbarkeitsfrage von Determinismus und Freiheit erläutert werden. Und es werden weitere mögliche Vereinbarkeitsfragen angesprochen. Im Kapitel „Minimalistische Freiheitsbegriffe" werden die Definitionen von Willensfreiheit bei Sven Walter und Michael Pauen beschrieben, da ich mich bei der Kritik der neurowissenschaftlichen Experimente zum großen Teil auf sie beziehe. Dann werden in „Neurowissenschaftliche Experimente zur Willensfreiheit" die Experimente von Libet und einigen anderen Neurowissenschaftlern beschrieben. „Freiheitsverneinende Interpretationen der neurowissenschaftlichen Experimente" behandelt vor allem philosophische Folgerungen aus den Versuchen bei Gerhard Roth, Wolfgang Prinz und Wolf Singer. In „Kritik an den Methoden der neurowissenschaftlichen Experimente" soll vor allem Kritik am Verfahren von

Libet und anderen geübt werden. Im darauf folgenden Kapitel „Kritik an philosophischen Folgerungen aus den neurowissenschaftlichen Experimenten“ sollen dagegen die philosophischen Schlüsse kritisch behandelt werden, die Wissenschaftler und Philosophen aus den Versuchen ableiten zu können glaubten. In „Kompatibilistische Deutungsalternativen der Experimente“ werde ich die Fähigkeit zur Antizipation als wichtiges Kriterium der Willensfreiheit hervorheben und mich dabei auf Daniel Dennett, Peter Bieri und Thomas Goschke beziehen. Daraus möchte ich einen eigenen Vorschlag für einen kompatibilistischen Freiheitsbegriff entwickeln. Schließlich möchte ich mich in dem Kapitel mit einigen Einwänden gegen den Kompatibilismus beschäftigen. Im vorletzten Kapitel „Weitere Aspekte der Freiheitsdebatte“ werden Aspekte angesprochen, die in dieser Arbeit nicht genügend thematisiert werden können, aber für eine ausführliche Behandlung wichtig wären, nämlich die Rolle der Moral in der Freiheitsdebatte und die Interpretation der Freiheit in unterschiedlichen Kulturen. Im letzten Kapitel soll ein Fazit zum Stellenwert der Experimente und den Gefährdungen der Freiheit gezogen werden.

2 Positionen

Das Freiheitsproblem ist auch ein Vereinbarkeitsproblem. Es sieht so aus, dass Freiheit mit bestimmten Eigenschaften der Welt oder des Menschen nicht vereinbar ist. Der Verteidiger der Möglichkeit von Freiheit hat die Aufgabe, entweder zu zeigen, dass die betreffenden einschränkenden Eigenschaften der Welt oder dem Menschen so nicht zukommen, oder dass sie entgegen dem Anschein doch mit Freiheit vereinbar sind. Der Freiheitsskeptiker hat dagegen zu zeigen, dass es freiheitsgefährdende Eigenschaften tatsächlich gibt, dass sie immer wirksam sind und warum sie mit Freiheit nicht verträglich sind.

Die Auffassung, die meist in der Freiheitsdiskussion als eine Gefahr für die Freiheit zur Debatte steht, ist der Determinismus. Danach ist die Welt und auch der in ihr lebende Mensch determiniert. Das bedeutet, dass durch den Zustand der materiellen Welt zu einem Zeitpunkt und durch die Naturgesetze mit Notwendigkeit alle Zustände zu späteren Zeitpunkten festgelegt sind[1]. Der Laplacesche Dämon, der den gesamten Zustand der Welt und alle Naturgesetze kennte und über eine unbegrenzte Intelligenz verfügte, wäre damit in der Lage, alle späteren Zustände der Welt zu berechnen, und das widerspräche anscheinend der Möglichkeit von Freiheit. Manchmal wird von Deterministen ein Indeterminismus (z.B. nach der Kopenhagener Deutung der Quantentheorie) eingeräumt, aber es wird dann ein bereichsspezifischer Makrodeterminismus angenommen, der Freiheit unmöglich machen soll. Nicht-determinierte Prozesse der subatomaren Ebene sollen dann nicht auf die Makroebene durchschlagen, z.B. nicht auf die grundlegenden Funktionen des Gehirns.

Es gibt in dieser Debatte zwei Positionen. Der Kompatibilismus hält Determinismus und Freiheit für vereinbar, der Inkompatibilismus dagegen nicht. Der

---

1 Der Determinismus soll hier nicht umfassend behandelt werden. Es gibt sehr unterschiedliche Auffassungen des Determinismus. So ist nach Daniel Dennett durch den Determinismus nur die Zukunft festgelegt: „*There is at any instant exactly one physically possible future*“ (Dennett 2003, S. 67). Für Sven Walter sind sowohl Vergangenheit als auch Zukunft festgelegt: „Der Determinismus ist jedoch nicht nur vorwärts-, sondern gleichermaßen auch rückwärtsgerichtet“ (Walter 2016, S. 53). Ferner ist nicht klar, wie der Zustand der Welt zu einem Zeitpunkt zu beschreiben ist, da physikalisch keine Gleichzeitigkeit definiert werden kann, wie die relativistische Physik feststellt.

Zufall wird von einigen Freiheitsskeptikern als größere Gefahr für die Freiheit angesehen als der gesetzmäßige Ablauf in der physischen Welt.

	Kompatibilismus	Freiheit	Determinismus
(indifferenter oder wesentlicher) weicher Determinismus[2]	**ja**	**ja**	**ja**
indifferenter Indeterminismus	ja	ja	nein
skeptischer kompatibilistischer Determinismus	ja	nein	ja
(indifferenter oder wesentlicher) skeptischer kompatibilistischer Indeterminismus[3]	ja	nein	nein
inkonsistent	nein	ja	ja
Libertarismus	**nein**	**ja**	**nein**
harter Determinismus	**nein**	**nein**	**ja**
harter Inkompatibilismus	nein	nein	nein

Tabelle 1: Vereinbarkeit von Freiheit und Determinismus (s. Walter 2016, S. 70.)[4]

Für den Inkompatibilisten gibt es neben dem Libertarismus und dem harten Determinismus noch die dritte Möglichkeit, Freiheit und Determinismus zu verneinen. Für die Freiheitsverneinung muss es dann ebenfalls andere Gründe als den Determinismus geben.

Man kann die Differenzierung sogar noch weiter führen, da man eventuell nicht jede Frage bejahen oder verneinen muss. So kann man Kompatibilist sein und dementsprechend Freiheit und Determiniertheit für vereinbar halten. Man kann dann Freiheit für möglich halten, aber bezüglich des Determinismus unentschieden bleiben. Insgesamt kann man dann statt 2^3=8 Positionen 3^3=27 Positionen unterscheiden, von denen aber 4 inkonsistent sind.[5]

2 Wesentlich: wir sind nur frei in einer deterministischen Welt. Indifferent: wir sind auch frei in einer nicht-deterministischen Welt.

3 Indifferent: wir sind auch unfrei in einer deterministischen Welt. Wesentlich: wir sind nur unfrei in einer nicht-deterministischen Welt.

4 Fett gedruckt sind die oft beschriebenen Standardpositionen.

5 Inkonsistent ist ein Inkompatibilismus, der Freiheit und Determinismus bejaht, einer, der

K	F	D		K	F	D		K	F	D	
+	+	+	**weicher Determinismus**	-	+	+	**inkonsistent**	?	+	+	inkonsistent
+	+	-	**indifferenter Indeterminis-mus**	-	+	-	**Libertarismus**	?	+	-	
+	+	?		-	+	?	inkonsistent	?	+	?	
+	-	+	**skeptischer kompatibilist. Determinismus**	-	-	+	**harter Determinismus**	?	-	+	
+	-	-	**skeptischer kompatibilist. Indeterminis-mus**	-	-	-	**harter Inkompatibili-mus**	?	-	-	
+	-	?		-	-	?		?	-	?	
+	?	+		-	?	+	inkonsistent	?	?	+	
+	?	-		-	?	-		?	?	-	
+	?	?		-	?	?		?	?	?	

Tabelle 2: Vereinbarkeit inkl. fehlender Festlegung auf einen Standpunkt[6]

Weitere Unterscheidungen ergeben sich daraus, wie Freiheit definiert wird, und welche Gründe angegeben werden für oder gegen Freiheit, Kompatibilismus und Determinismus.

Es gibt neben der Determiniertheit weitere Einwände gegen Freiheit. Dazu zählen vor allem (s. Walter 2016, S. 73ff):

- Unbewusstheitsargument: Entscheidungen werden oft aus Gründen getroffen, die den Personen nicht bewusst sind. Statt dessen führen sie andere

Determinismus bejaht und bezüglich der Freiheit indifferent ist, einer, der Freiheit bejaht und bezüglich des Determinismus indifferent ist, und schließlich eine Position, die Determinismus und Freiheit bejaht und bezüglich des Kompatibilismus indifferent ist.

[6] Fett gedruckt sind die 8 Positionen aus der vorherigen Tabelle. K steht für Kompatibilismus, F für Freiheit, D für Determinismus. + steht für Bejahung, - für Ablehnung und ? für einen indifferenten Standpunkt.

Gründe an. Es ist tatsächlich schwer nachzuvollziehen, dass eine Entscheidung frei sein kann, wenn man sich über die Gründe für die Entscheidung nicht im Klaren ist.

- Vorhersagbarkeitsargument: Entscheidungen einer Person sind oft für andere Personen vorhersagbar, wenn sie die Gewohnheiten und Charaktereigenschaften derselben kennen. Und Neurowissenschaftler versuchen, durch Messungen von Gehirnaktivitäten Handlungen vorherzusagen, bevor die Person selber ein Bewusstsein davon hat. Allerdings kann gerade Vorhersagbarkeit bedeuten, dass eine Person ihrem Charakter und ihren Überzeugungen gemäß handelt. Ist das Verhalten einer Person überhaupt nicht vorhersehbar, werden wir diese Person eher als sprunghaft und irrational ansehen, nicht als frei. „Es gibt schlicht keinen nachvollziehbaren Grund, warum wir nicht frei sein sollten, wenn die Kenntnis neuronaler Prozesse, die vor dem Bewusstwerden einer Entscheidung auftreten, deren Vorhersage erlaubt" (Walter 2016, S. 165).

- Urheberargument: Bei verschiedenen Experimenten hat sich herausgestellt, dass Probanden sich als Urheber von Handlungen fühlten, die sie gar nicht initiiert hatten. Andererseits fühlten sich Probanden in anderen Experimenten nicht für Handlungen verantwortlich, die aber von ihnen ausgegangen sind. Wir können uns also darüber täuschen, ob wir die Urheber von Handlungen sind.

- Erstverursacherargument: Der Akteur muss die unverursachte Ursache der Handlung sein. Das ist dann aber ein Eingriff in die natürlichen Abläufe.

- Kausalitätsargument: Alles hat eine Ursache, deshalb sind unsere Handlungen verursacht und damit nicht frei. Das Kausalitätsprinzip muss dabei vom Determinismus unterschieden werden. Der Determinismus verlangt gesetzmäßige Abhängigkeiten, diese können aber durchaus probabilistisch sein. Das Kausalitätsprinzip verlangt, dass jedes Ereignis von anderen, früheren Ereignissen abhängt. Diese Abhängigkeit muss aber nicht unbedingt durch Gesetze beschreibbar sein. Ferner schließt die Kausalität geistige oder mentale Ursachen nicht aus.

- Zeitlichkeitsargument: Wenn unsere Handlungen bereits vorbereitet werden, bevor wir uns bewusst entscheiden, sind sie unfrei. Dieses Argument wird bei den Experimenten von Libet und anderen Neurowissenschaftlern eine große Rolle spielen. Sie wollen zeigen, dass unsere Handlungen nicht durch unseren bewussten Willen initiiert werden, sondern durch Prozesse im Gehirn, die unbewusst ablaufen. Der Impuls oder der Wunsch zu handeln wird uns zwar bewusst, aber erst kurz vor der Handlung.
- Mechanismusargument: Unsere Handlungen werden auf unsere physiologische und neuronale Organisation zurückgeführt und damit als unfrei erklärt.
- Epiphänomenalismusargument: Das Mentale wird als bloßes Epiphänomen ohne kausale Kraft angesehen. Das Bewusstsein unserer Entscheidungen ist dann ein zusätzliches Phänomen, das aber nicht kausal wirksam ist.
- Eliminativismusargument (s. Metzinger 2009, S. 177ff, Metzinger 2007, S. 189ff und Metzinger 2010, S. 271ff. Dieses Argument wird bei Walter nicht aufgeführt.): Der Eliminativismus leugnet den Sinn der Begriffe der Alltagspsychologie. Für ihn ist die Beschreibung mentaler Zustände in der Alltagssprache vorwissenschaftlich und genauso kritisch zu sehen wie die Astrologie oder die Phlogistontheorie. Mentale Begriffe wie Schmerz, Erinnerung, Freiheit, Wille, Absicht usw. sollten zugunsten wissenschaftlicher Ausdrücke auf der Grundlage der Neurowissenschaften eliminiert werden. Nach dieser Sicht wäre eine Aussage über die Freiheit einer Entscheidung nicht falsch, sondern sinnlos. Vertreter dieser radikalen Richtung sind vor allem Patricia und Paul Churchland. Kritiker des Eliminativismus halten ihn für unplausibel oder sogar inkohärent.

Einige dieser Argumente gegen die Willensfreiheit sollen an späterer Stelle thematisiert werden.

3 Minimalistische Freiheitsbegriffe

Einige Interpreten der neurowissenschaftlichen Experimente zur Willensfreiheit machen sich offensichtlich eine inkompatibilistische Haltung zu eigen und halten kompatibilistische Argumente für unplausibel. Sie halten deshalb Freiheit nur dann für möglich, wenn es einen Dualismus von Geist und physischer Welt gibt. Sie setzen für die Freiheit voraus, dass sich ein Subjekt völlig unbeeinflusst von äußeren Faktoren und unabhängig von der eigenen physiologischen Verfassung entscheiden kann. Das so gedachte Subjekt ist dann rein geistig und steht der materiellen Welt gegenüber. Auch wenn eine derartige dualistische Sicht prinzipiell richtig sein kann, so ist sie metaphysisch anspruchsvoll und lässt sich mit wissenschaftlichen Mitteln schlecht oder gar nicht überprüfen.

Als Vertreter einer kompatibilistischen Sicht habe ich Sven Walter und Michael Pauen ausgewählt. Ich werde mich bei der Kritik der Experimente und ihrer Interpretationen hauptsächlich auf sie stützen und ihre eigenen Konzepte der Willensfreiheit vorstellen. Als weiteren Vertreter eines Kompatibilismus werde ich später Daniel Dennett anführen, weil er als Naturalist die Entwicklung des Geistigen auf natürliche Ursachen und die Evolution zurückführt, gleichzeitig Kompatibilist ist und intensiv auf die Schwierigkeiten eingeht, die viele Wissenschaftler mit der Idee des Kompatibilismus haben. Ferner werde ich Peter Bieri und Thomas Goschke heranziehen, die die gleiche Stoßrichtung haben, aber mit anderen Aspekten.

3.1 Willensfreiheit bei Sven Walter

Sven Walter sieht die Frage nach der Freiheit des Menschen nicht als ausschließlich empirisches oder rein philosophisches Problem. Die Philosophie hat für ihn die Aufgabe, die Begriffe zu klären. Das bedeutet, dass die Kriterien für Freiheit von der Philosophie festgestellt werden müssen. Was bedeutet es, dass eine Handlung frei getätigt oder ein Entschluss frei gefasst wird? Zu dieser Untersuchung gehört auch, ob ein solcher Begriff von Freiheit konsistent ist und ob er nah am alltagssprachlichen Begriff liegt. Die empirische Forschung hat dann die Aufgabe, zu untersuchen, ob die Bedingungen für Freiheit immer, manchmal oder nie gegeben sind, ob Freiheit möglich ist und unter welchen Umständen.

> Während die Philosophie unter anderem zu klären hat, welche Bedingungen erfüllt sein müssen und zusammen ausreichen, damit wir bzw. unsere Entscheidungen als frei zu bezeichnen sind, haben die empirischen Wissenschaften unter anderem herauszufinden, ob und in welchem Maß diese Bedingungen faktisch erfüllt sind. (Walter 2016, S. 34f)
>
> Die Frage hingegen, ob jene Bedingungen, die von Kompatibilisten oder Libertariern an Freiheit angelegt werden, zumindest manchmal tatsächlich erfüllt sind, ist nur empirisch zu beantworten. (Walter 2016, S. 36)

Walter bezeichnet die Frage nach der Freiheit als eine hybride Frage, da philosophische und empirische Untersuchungen für die Beantwortung durchzuführen sind. Die Frage nach der Determiniertheit der Welt ist dagegen eine metaphysische Frage, da sie nicht empirisch beantwortet werden kann.

> Unser gesamtes derzeitiges empirisches Wissen ist völlig verträglich damit, dass es solche deterministischen Gesetze schlicht nicht gibt. Die verfügbaren empirischen Indizien sprechen also keineswegs zwingend für einen wie auch immer gearteten Determinismus. (Walter 2016, S. 48)

Walter gewinnt seinen Begriff des freien Willens aus Paradebeispielen für freie Entscheidungen. Beispiele: Wir überlegen, ob wir jemandem in Not helfen. Wir überlegen, wie viel Trinkgeld wir dem Kellner geben. Eine Richterin überlegt, welches Strafmaß sie verhängt und wägt dabei die Schwere der Tat, die Einsicht des Täters, mildernde Umstände usw. ab. Wir überlegen bei einer Wahl, welchem Kandidaten oder welcher Kandidatin wir die größte Kompetenz zusprechen.

Der freie Wille wird von Walter als eine *reflektierte normative Willensbildung* definiert. Alternative Optionen reichen nicht, es muss bewusst zwischen ihnen gewählt werden. Die Wahl sollte also rational sein und durch Überlegen und Abwägen zustande kommen. Und unsere Wahl muss auf unseren Präferenzen und Werten beruhen. Er schreibt zum autonomen Verhalten:

> Es ist damit zugleich insofern *selbst*-bestimmt, als es als etwas erkennbar ist, das für uns in der jeweiligen Situation zu wollen richtig ist, das vor dem Hintergrund der gegebenen Umstände und unseres Charakters sowie im

> Lichte unseres persönlichen Präferenz- und Werteprofils angemessen ist, also in dem Sinne in unsere je individuelle Persönlichkeit *normativ eingebettet* ist, dass wir uns rückhaltlos damit ›identifizieren‹ können [...]. (Walter 2016, S. 15)

Walter vertritt einen, wie er schreibt, *moderat skeptischen kompatibilistischen Indeterminismus*. Er sieht viele Gründe dafür, dass die Welt nicht-deterministisch ist. Er ist Kompatibilist, weil er im Determinismus kein prinzipielles Problem für die Freiheit sieht. Sein Skeptizismus beruht darauf, „dass die Umsetzung unseres Vermögens der reflektierten normativen Willensbildung im Alltag öfter beeinträchtigt ist, als es mit einer umfassenden Freiheit vereinbar wäre“ (Walter 2016, S. 7f). Moderat ist sein Skeptizismus, weil der Mensch in seiner freien Willensbildung trotz Gefährdungen nicht immer und in allen Fällen völlig eingeschränkt ist.

3.2 Willensfreiheit bei Michael Pauen

Pauen findet, dass es schwierig ist, Beispiele für freie Handlungen zu nennen. Es ist viel einfacher, Beispiele für Unfreiheit zu geben und daraus „ein hinreichend anspruchsvolles Modell freier Handlungen“ (Pauen 2008, S. 15) zu entwickeln.

Wir setzen Handlungen als unfrei an, wenn sie unter Zwang geschehen oder wenn sie zufällig sind. Freiheit bedeutet für Pauen *Selbstbestimmung*. Unter diesem Begriff fasst Pauen die beiden Minimalbedingungen zusammen, die für Freiheit notwendig sind: freie Handlungen sind nicht erzwungen und nicht zufällig. Die erste Eigenschaft bezeichnet er als *Autonomie*, die zweite als *Urheberschaft*. Es handelt sich um eine Minimalkonzeption, von der er aber später zeigt, dass sie nicht um weitere notwendige Bedingungen erweitert werden kann oder muss, also ausreichend ist, um freie Handlungen zu charakterisieren.

Pauen fordert von einer Konzeption der Willensfreiheit, dass sie den wesentlichen vorwissenschaftlichen Intuitionen entspricht, sich gegen zentrale philosophische Einwände verteidigen lässt, Ansatzpunkte für empirische Untersuchungen liefert und zeigt, dass Freiheit auch in einer determinierten Welt möglich ist.

Damit eine Handlung nicht zufällig ist, muss sie den Merkmalen entsprechen, die das Selbst ausmachen. Dazu gehören personale Fähigkeiten und personale Präferenzen. Nur wenn die Entscheidungen den eigenen Präferenzen und Werten entsprechen, kann man sich als Urheber ansehen. Man muss als Urheber mit seinen Vorstellungen hinter der Entscheidung stehen. Fähigkeiten sind dafür ebenfalls nötig, denn wenn man eine Entscheidung trifft, deren Inhalt und Konsequenzen man nicht abschätzen kann, wird man höchstens zufällig hinter ihr und den Folgen stehen.

Pauen sieht kein prinzipielles Problem darin, dass die personalen Merkmale durch externe Faktoren determiniert sind:

> Wenn man die Existenz personaler Präferenzen überhaupt akzeptiert, dann muss man akzeptieren, dass auch solche Einstellungen als personale Präferenzen zählen können, deren Entstehungsgeschichte nicht vollständig auf den Urheber zurückzuführen ist. (Pauen 2008, S. 89)
>
> Man widerspricht sich jedoch selbst, wenn man einerseits zugibt, dass das Selbst durch personale Merkmale konstituiert wird, auf der anderen Seite jedoch eine Unabhängigkeit von diesen Merkmalen fordert und damit unterstellt, dass wirkliche Freiheit durch eben die Wünsche, Überzeugungen und Bedürfnisse eingeschränkt wird, die das »Selbst« doch konstituieren. Offenbar wird dabei stillschweigend unterstellt, was zuvor bestritten wurde, nämlich dass es noch ein »eigentliches« Selbst jenseits dieser Merkmale gibt. Man verfällt damit einem Fehler, der von Gilbert Ryle schon in der Mitte des vergangenen Jahrhunderts aufgedeckt worden ist. (Pauen 2008, S. 94)[7]

Pauen weist darauf hin, dass es unterschiedliche Grade von Freiheit gibt:

> Die bisherigen Ausführungen könnten den Eindruck erweckt haben, als sei Freiheit eine Frage des Alles oder Nichts: Eine Handlung scheint entweder frei oder eben unfrei zu sein. Ich glaube nicht, dass dies zutrifft; es gibt ganz offensichtlich unterschiedliche Grade von Freiheit. (Pauen 2008, S. 99)

Interessant ist, dass Pauen auch bei schweren Manipulationsfällen Freiheit nicht unbedingt als gefährdet ansieht, während bei vielen Autoren Manipulationen

---

7 Hier wird auf das Universitätsbeispiel bei Gilbert Ryle hingewiesen. Ryle spricht von einem Kategorienfehler, wenn man eine Universität besucht, die verschiedenen Gebäude betritt, Seminargebäude, Hörsäle, Mensa usw., und dann fragt, wo sich denn die Universität befindet.

gerade als Beispiele für eine Bedrohung der Freiheit angeführt werden. Gerade eine starke Manipulation kann bei Pauen dazu führen, dass die Person weiter als frei angesehen werden kann: Falls die durch eine schwere Manipulation veränderten Präferenzen nicht erkannt und korrigiert werden können, handelt es sich um eine veränderte Person, die ebenfalls frei handeln kann. Durch die Persönlichkeitsveränderung ist die Person nach der Manipulation halt eine andere als zuvor. Dieser Punkt soll an späterer Stelle näher behandelt werden.

4 Neurowissenschaftliche Experimente zur Willensfreiheit

4.1 Benjamin Libet

4.1.1 Fragestellung

Schon 1964 wurden von Kornhuber und Deecke Versuche ausgeführt, nach denen einer willkürlichen Bewegung ein Bereitschaftspotenzial (BP), englisch readiness potential (RP), vorausgeht, das mit EEG schon 500-1000 ms vor der Bewegung gemessen werden konnte (s. Kornhuber und Deecke 1965).

Das BP wird auf dem Schädel am Scheitel gemessen. Es handelt sich um ein negatives elektrisches Potenzial. Es kann auch ein lateralisiertes Bereitschaftspotenzial gemessen werden (LBP bzw. LRP). Dieses wird an den Seiten des Schädels gemessen. Es tritt bei Handbewegungen auf der gegenüberliegenden Seite der bewegten Hand auf, also auf der kontralateralen Seite. Das LBP tritt also auf der linken Seite auf, wenn die rechte Hand bewegt wird, und auf der rechten Seite bei Bewegung der linken Hand.

Benjamin Libet stellte sich die Frage, wann die bewusste Entscheidung für eine Bewegung getroffen wird. Falls das zum Zeitpunkt des Beginns des BP der Fall wäre, würde von der Entscheidung bis zur Bewegung eine ungewöhnlich lange Zeit vergehen, nämlich bis zu einer Sekunde. Falls die Entscheidung für die Bewegung erst später getroffen würde, wäre das ein Anzeichen dafür, dass die Bewegung schon vorbereitet werden würde, bevor uns das bewusst wird.

Das wäre für Libet ein Argument dafür, dass wir vollkommen von deterministischen Naturgesetzen beherrscht werden. Unsere bewussten Gefühle und Intentionen wären dann nur mentale Epiphänomene ohne kausale Kraft.

4.1.2 Das Experiment

Libet et al. führten zur Klärung dieser Frage 1983 ein Experiment durch (s. Libet et al., 1983). In dem Versuch sollten die Versuchspersonen ihre Hand oder ihren Finger zu einem selbstgewählten Zeitpunkt bewegen. Das BP war durchschnittlich 550 ms vor der Bewegung zu messen.

Libet wollte herausfinden, wann die bewusste Intention für die Bewegung entsteht. In der „traditionellen“ Sicht, nach der Handlungen vom bewussten Willen ausgehen, würde man annehmen, dass der bewusste Wille vor oder mit Eintreten des BP aufkommt. Aber eine bewusste Intention schon 500 ms oder mehr vor dem Akt erscheint unwahrscheinlich. Es war wichtig, den Zeitpunkt W (Abkürzung für will) für die bewusste Willensentscheidung festzustellen.

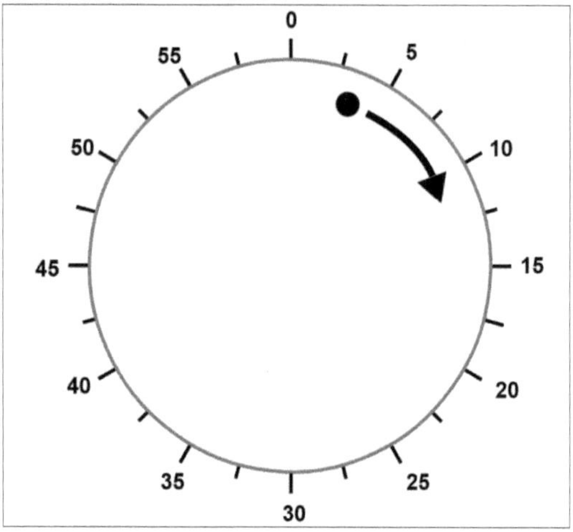

Abb. 1: Oszilloskop-Uhr (nach Libet 1999a, Figure 2, S. 50)

Dafür musste ein Weg gefunden werden, den Zeitpunkt für den bewussten Willensentschluss zu messen. Die Versuchsperson sollte eine Uhr beobachten und sich die Zeit merken, zu der der Wunsch zuerst bewusst wurde (s. Abb. 1). Es wurde mit einem Oszilloskop ein Leuchtfleck in einem Kreis bewegt, aber 25-mal so schnell wie ein Sekundenzeiger. Jede der 60 Marken auf dem Kreis entsprach ca. 40 ms. Jede Person konnte damit den Zeitpunkt der Bewusstwerdung der Entscheidung theoretisch bis auf 20 ms genau angeben. Die Genauigkeit wurde überprüft, indem die Personen sagen sollten, wann ihnen ein externer Stimulus bewusst wurde. Das geschah mit einem maximalen Fehler von 50 ms. Dabei lag die berichtete Zeit nicht nach dem Zeitpunkt des Stimulus, sondern davor.

Die Personen zeigten das BP II durchschnittlich 550-600 ms vor der Muskelaktivierung, das BP I 1000 ms vorher. Das BP II wird beobachtet, wenn die

Bewegung ganz spontan ausgeführt wird. Das BP I tritt dagegen auf, wenn es vor der Entscheidung zur Bewegung schon eine Tendenz dazu gibt (preplaning). Der Wunsch wurde etwa 200 ms vor der Bewegung bewusst, also 150 ms vor der Muskelaktivierung. Die Muskeln werden 50 ms vor einer Bewegung aktiviert. Da wahrscheinlich der Zeitpunkt der Bewusstwerdung um 50 ms zu früh datiert wird[8], würde die Absicht 150 ms vor der Bewegung bewusst werden, also 100 ms vor der Aktivierung der Muskeln (s. Abb. 2).

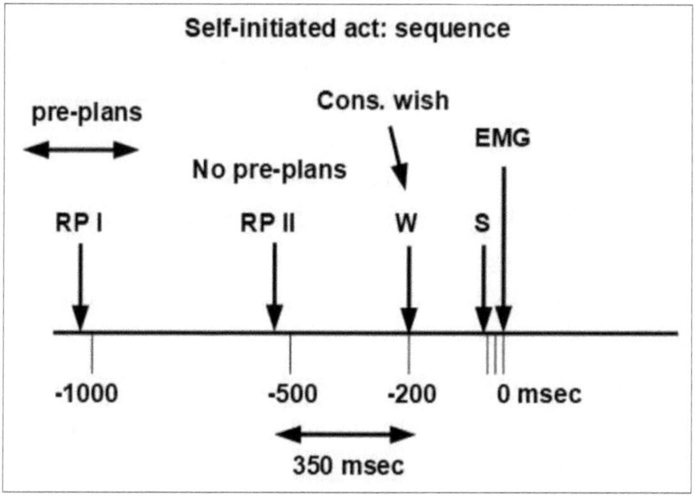

Abb. 2: Abfolge der Ereignisse (nach Libet 1999a, Figure 3, S. 51)

4.1.3 Veto-Funktion

Libet schließt aus den Messergebnissen, dass der Start des willkürlichen Akts im Gehirn unbewusst beginnt. Spielt der bewusste Wille dann eine Rolle? Es bleiben nach W noch 100 ms dafür, dass bewusste Funktionen den Prozess beeinflussen können, denn nach der Muskelaktivierung, also 50 ms vor der Bewegung, ist dieselbe nicht mehr zu stoppen.

---

[8] Diese Rückdatierung von W nimmt Libet an, weil auch die Wahrnehmung eines externen Stimulus S erst auf die Stimulierung folgt, aber auf etwa 50 ms vor dem Zeitpunkt der Stimulation rückdatiert wird: „If we correct W for the –50 msec. error in the subjects' reports of timings of the skin stimuli, we have an average corrected W of about –150 msec" (Libet 1999a, S. 51).

Libet erwägt, dass eine bewusste Funktion potenziell den Bewegungsprozess stoppen könnte. Er nennt das eine *Veto-Funktion*. „Conscious will might block or veto the process, so that no act occurs“ (Libet 1999a, S. 52).

Die prinzipielle Möglichkeit eines Vetos ist für Libet unzweifelhaft. Personen berichteten beim Experiment manchmal vom Wunsch zu handeln, den sie aber unterdrückten. Libet konnte zeigen, dass Personen, die zu einer vorgegebenen Zeit handeln wollten, den Prozess abbrechen konnten, und zwar 100-200 ms vor der durch das BP zu erwartenden Zeit. Es ging dann dem Veto ein längeres BP voraus. Libet meint, dass wir auch regelmäßig die Erfahrung machen, dass wir den Wunsch nach einer sozial unerwünschten Handlung verspüren, ihn aber im letzten Moment unterdrücken. „That is, one could consciously accept or reject the programme offered up by the whole array of preceding brain processes“ (Libet 1999a, S. 53). Bei vom Tourette-Syndrom ausgelösten Bewegungen dagegen kann der Drang nicht unterdrückt werden. Allerdings geht dabei der Bewegung kein BP voraus. Das gleiche gilt für Reflexhandlungen. Es handelt sich in beiden Fällen nicht um willentliche Bewegungen.

Libet erwog auch die Hypothese, dass der bewusste Wille als Trigger dienen könnte, um eine Handlung, die gestartet wird, abzuschließen. Es gab aber für ihn keine Evidenz dafür.

Libet beschäftigt sich mit dem Problem, dass auch der Entschluss zum Veto unbewusst entstanden sein könnte und wir uns dessen erst später bewusst werden. Er weist darauf hin, dass für einige auch ein unbewusst eingeleitetes Veto keinen Widerspruch zur einer freien Wahl bedeutet. Aber Libet hält unbewusste „Entscheidungen“ nicht für einen Ausdruck des freien Willens. Libet schlägt deshalb vor, dass die Veto-Funktion nicht von unbewussten Gehirnfunktionen eingeleitet wird. Es gibt in seinen Augen keine Experimente, die etwas anderes beweisen. Das schließt nicht vollkommen aus, dass Faktoren für das Veto doch auf unbewussten Prozessen basieren.

4.1.4 Auswirkung auf freiwillige Handlungen im Allgemeinen

Libet beschäftigt auch die Frage, ob der zeitliche Ablauf bei anderen freiwilligen Akten genauso aussieht wie bei den einfachen Versuchen mit willkürlichen

Bewegungen. Er gibt zu, dass experimentell nur einfache Abläufe untersucht werden können. BPs wurden aber auch bei anderen freiwilligen Akten gefunden, z.B. beim Beginnen des Schreibens oder Redens. Libet schließt daraus, dass alle Handlungen von unbewussten Hirnprozessen eingeleitet werden, nicht nur einfache Bewegungen.

Wir müssen auch unterscheiden zwischen den Überlegungen, welche Wahl man trifft und der endgültigen Intention, wirklich zu handeln. Jemand kann täglich überlegen, was er tun soll, ohne je zu handeln, aber „there is *no voluntary act* in that case“ (Libet 1999a, S. 54). Auch wenn die Versuchspersonen ihre Handlungen vorher überlegt hatten, entstand das BP vor ihrem endgültigen Entschluss, zu handeln.

4.1.5 Determinismus und Freier Wille

Libet sieht in der Veto-Funktion eine Möglichkeit, den freien Willen zu retten. Er schließt aber nicht aus, dass unsere Entscheidungen vielleicht doch vollständig determiniert sind. Dann wäre der freie Wille für ihn eine Illusion und unser Gefühl, frei zu handeln, ein Epiphänomen. „The conscious feeling of exerting one's will would then be regarded as an epiphenomenon, simply a by-product of the brain's activities but with no causal powers of its own“ (Libet 1999a, S. 55).

Libet weist darauf hin, dass es eine Erklärungslücke zwischen physischen und subjektiven Phänomenen gibt. Das beschrieb schon Leibniz im Mühlenbeispiel in seiner „Monadologie“ (s. Leibniz 1956, S. 33). Da wir den kausalen Zusammenhang zwischen Gehirnprozessen und mentalen Erlebnissen nicht kennen, haben wir nur die Möglichkeit, beides parallel zu untersuchen und dann nach Korrelationen zu suchen. Dass die neuronalen Prozesse die subjektiven Bewusstseinsfunktionen vollständig festlegen, ist für Libet ein spekulativer Glaube, keine wissenschaftlich bewiesene Aussage. Allerdings ist auch der Indeterminismus in Bezug auf den freien Willen ein spekulativer Glaube.

Libets Konklusion ist, dass eine Theorie des freien Willens im nicht-deterministischen Sinn eine bessere wissenschaftliche Option bietet als eine deterministische Theorie. Da es für beide Theorien keinen Beweis gibt, sollte man der nicht-deterministischen den Vorzug geben, da sie unsere menschliche Natur berücksichtigt und uns nicht als Maschinen ansieht.

Allerdings hat Libet die Möglichkeit einer Beantwortung der Frage, ob wir determiniert sind oder einen freien Willen haben, nicht losgelassen. Neben der Freiheit des Willens sieht er als zweites nicht geklärtes Phänomen des Bewusstseins die Einheitlichkeit unserer Erfahrung. Die Frage danach wird auch als Bindungsproblem bezeichnet. Wie ist es möglich, dass unterschiedliche Wahrnehmungen, Gedanken und Empfindungen in unserem Bewusstsein zu einer einzigen, zusammenhängenden und ein Ganzes ausmachenden Erfahrung werden?

Libet schlägt vor, dass es ein „bewusstes mentales Feld“ (BMF) geben könnte, das Ähnlichkeiten zu einem elektromagnetischen oder einem Gravitationsfeld hat, aber kein physisches Feld ist (s. Libet 2007). Er sieht ein solches Postulat aber nur als sinnvoll an, wenn man es prinzipiell verifizieren oder falsifizieren kann. Er schlägt dafür einen schwer zu realisierenden Versuch vor, in dem ein Bereich des Gehirns durch feine Schnitte vom übrigen Teil abgetrennt wird. Wenn Reizungen in diesem Teil zu bewussten Erfahrungen führen, von denen der Patient berichten kann, muss es einen Informationsaustausch mit den anderen Teilen des Gehirns gegeben haben, der nicht auf neuronale Verbindungen zurückzuführen ist. Es wäre dann das BMF, durch das Information in andere Bereiche übertragen wird. Der Versuch ist schwer durchzuführen, da eine derartige Operation ethisch nur zu verantworten ist, wenn sie medizinisch notwendig ist. Man müsste einen Patienten finden, der in die Operation einwilligt. Die Operation müsste bei vollem Bewusstsein durchgeführt werden, damit der Patient von seinen Empfindungen berichten kann. Und es müssten sich auch Ärzte dafür finden lassen. Ferner gibt es schon ähnliche Operationen, bei denen das Corpus Callosum (eine Verbindung von linker und rechter Gehirnhälfte) durchtrennt wird, die Callosotomie. Diese Operation wurde oft an Patienten mit Epilepsie durchgeführt. Die sogenannten Split-Brain-Patienten zeigten nach einer solchen Operation als Symptom z.B., dass sie Objekte in ihrem linken Gesichtsfeld nicht benennen konnten, da die Bildinformationen vom Sehzentrum in der rechten Gehirnhälfte verarbeitet wurden, das Sprachzentrum sich aber in der linken Gehirnhälfte befindet. Die Bildinformation konnte also wegen der fehlenden Verbindung nicht weiter zum

Sprachzentrum geleitet werden. Deshalb war eine Benennung nicht möglich, was den Patienten aber meist nicht auffiel.

Bei den Split-Brain-Patienten wurde also die Information nicht durch ein bewusstes mentales Feld zwischen den nicht verbundenen Gehirnteilen übertragen. Libet erklärt das damit, dass die Entfernung zwischen den beiden Hälften zu groß ist, um nicht-physisch überwunden zu werden. Allerdings ist es naheliegend, ein solches BMF eher für eine Spekulation zu halten.

4.1.6 Rückdatierung von Erfahrungen (Time-on-Theorie)

Die Spekulationen über ein bewusstes mentales Feld sehe ich als eine Konsequenz der dualistischen Sicht von Libet. Er meint, dass ein freier Wille nicht determiniert sein darf und glaubt deshalb, das Bewusstsein von allen physischen Bedingungen ablösen zu müssen. Für wichtiger für unser Thema halte ich Libets Time-on-Theorie, dargestellt in „Mind Time. Wie das Gehirn Bewusstsein produziert" (Libet 2007), in der er die Verzögerung von bewussten Wahrnehmungen und die Rückdatierung von Reizen thematisiert. Diese Theorie ist für die Experimente zu willentlichen Bewegungen von größerer Bedeutung.

Wenn man Bereiche im Gehirn reizt, muss der Reiz etwa 0,4-0,5 Sek. andauern, bis ein Bewusstsein davon entsteht. Das ist der Fall, wenn der Reiz in der Stärke gerade über der Bewusstseinsschwelle liegt.

Dauert der Reiz kürzer, muss er stärker werden, um wahrgenommen zu werden. Bei starkem Reiz ist immer noch eine Dauer von 200 ms nötig. Ein noch kürzerer Impuls, auch wenn er sehr stark ist, kann nicht bewusst werden.

Aber ein sehr kurzer Impuls auf der Haut führt nichtsdestotrotz auch zu einer bewussten Empfindung. Das scheint der obigen Behauptung zu widersprechen. Die bewusste Empfindung kann aber ausgelöst werden, wenn der Reiz zu einer körperlichen Reaktion führt, die länger andauert und dann bewusst wird.

Ein Impuls auf der Haut wird auf der primären sensorischen Bahn weitergeleitet. Diese ist unfähig zur Auslösung einer bewussten Empfindung.

> Daraus folgt, daß die *späteren* Reaktionen der Hirnrinde, die nach einem *einzelnen Impuls auf die Haut* erzeugt werden, notwendig für die Erzeugung einer bewußten Empfindung zu sein scheinen. Diese späten Reaktionen

> dauern länger als 0,5 s an – lange genug, um die Zeitdauer von Aktivierungen bereitzustellen, die für die postulierte Verzögerung des Bewußtseins benötigt werden, und das gilt selbst für einen normalen sensorischen Reiz auf der Haut. (Libet 2007, S. 40)

Es gibt Experimente, die nach Libet dagegen sprechen, dass die Verzögerung der Bewusstwerdung dadurch zustande kommt, dass diese Zeit nötig ist, um die Erfahrung im Gedächtnis zu speichern und damit berichtbar zu machen.

Der Reiz erzeugt zuerst ein Signal, das durch ein primäres EP (Ereignispotenzial) zum Gehirn geleitet wird. Welche Rolle spielt das primäre EP, wenn es nicht zum Bewusstsein des Reizes führt?

Es kann zunächst Reflexreaktionen auslösen. Und es dient darüber hinaus der Bestimmung des Reizortes und der zeitlichen Datierung. Die bewusste Wahrnehmung tritt erst 400-500 ms nach der sinnlichen Stimulierung auf. Sie wird aber zeitlich an das erste Auftreten der Signale in der primären sensorischen Bahn gebunden und damit zeitlich um 400-500 ms zurückdatiert.

Diese Rückdatierung tritt nur auf, wenn es ein primäres EP gibt. Bei inneren Vorgängen (z.B. Nachdenken, Vorstellen, Fühlen) gibt es kein primäres EP und damit keine Rückdatierung.

Von bewussten Empfindungen sind unbewusste Detektionen und Reaktionen zu unterscheiden (blindsight, reflexhaftes Bremsen bei einem Hindernis).

Folgerungen für willkürliche Akte:

- Ein Willensentschluss wird erst 400-500 ms bewusst, nachdem er unbewusst getroffen wurde.
- Da er ein endogener Prozess ist, wird die bewusste Absicht nicht rückdatiert.
- Die willentliche Bewegung wird dagegen ebenfalls mit Verzögerung bewusst, aber sie wird rückdatiert.

4.2 Haggard und Eimer

4.2.1 Zeitpunkt der bewussten Entscheidung bei alternativen Möglichkeiten

Patrick Haggard und Manfred Eimer haben die Versuche von Libet wiederholt (s. Haggard und Eimer 1999). Sie haben die Versuchspersonen ebenfalls aufgefordert, spontan einen Finger zu bewegen. In weiteren Versuchen haben sie die Probanden nach ihrer spontanen Wahl einen Finger der rechten oder linken Hand bewegen lassen. Sie wollten herausfinden, wie die von Libet berichteten Ergebnisse zu interpretieren sind. Vor allem wollten sie klären, ob das BP eine spezifische Bewegung vorbereitet oder eine unspezifische Bereitschaft signalisiert.

Sie haben wie Libet das BP gemessen und dabei festgestellt, dass der Zeitpunkt W der Bewusstwerdung der Entscheidung und der Zeitpunkt von BP nicht kovariant[9], sondern sogar kontravariant waren. Sie schlossen daraus, dass das BP nicht als Ursache für die Bewusstwerdung und die Bewegung in Frage kommt.

Haggard und Eimer maßen bei den Versuchen ebenfalls das lateralisierte BP (LBP bzw. LRP). Bei acht Personen in dem Versuch wurde der früheste Durchschnittswert für W bei den Probanden mit 530 ms vor der Bewegung gemessen, der späteste mit 179 ms. Im Durchschnitt trat das LRP bei spätem Zeitpunkt von W 193 ms später auf als bei frühem W. Das laterale Potenzial stand also im Zusammenhang mit dem Zeitpunkt der Bewusstwerdung der Entscheidung W (Kovarianz). Trat das Potenzial früher auf, dann auch die Entscheidung, trat es später auf, dann die Entscheidung ebenfalls. Das war beim symmetrischen BP nicht der Fall.

> Our second analysis showed that the W judgement covaried with the onset of the lateralised readiness potential (LRP) but not with the onset of the readiness potential (RP). By the logic of Mill (1843), this finding rules out the RP as the unconscious cause of the conscious state upon which W judgement depends, but it is consistent with LRP having that role. (Haggard und Eimer 1999, S. 132)

[9] Kovariant bedeutet hier, dass ein frühes BP zu einem früheren W, ein spätes BP zu einem späteren W führt, dass also die Zeitpunkte positiv korrelieren.

Haggard nahm an, dass im Gegensatz zum RP das LRP die Entscheidung verursachte oder in den Entscheidungsprozess involviert war. Allerdings konnte er nicht nachweisen, dass die Entscheidung für die Bewegung der linken oder rechten Hand von einem Potential auf der kontralateralen (der gegenüberliegenden) Seite des Cortex abhing, ob also die Entscheidung für eine der Alternativen aus dem LRP abzulesen war.

Genauso unklar blieb, ob W der Zeitpunkt der Wahl zwischen den Alternativen war, oder ob die Entscheidung unbewusst schon vorher getroffen wurde.

Pauen schreibt dazu: „Wie schon erwähnt, ist es wahrscheinlicher, dass die Versuchspersonen zunächst eine Wahl zwischen der rechten und linken Hand trafen und zu dem von Haggard und Eimer gemessenen Zeitpunkt nur noch die bereits festgelegte Bewegung auslösten" (Pauen 2008, S. 206).

4.2.2 Bindungsproblem

Haggard et al. machten auch Versuche zum Bindungsproblem (s. Haggard et al. 2002). Es geht dabei darum, welche Faktoren dafür verantwortlich sind, dass wir unterschiedliche Wahrnehmungen und Vorstellungen als ein einheitliches Erlebnis erfahren. Wir würden ohne Bindung und ohne zeitliche Rückdatierungen z.B. beim Antippen eines Objekts erst einen Impuls zu der Bewegung verspüren, dann etwa nach 200-250 ms das Objekt berühren, aber die Berührung erst 400 ms danach verspüren, da körperliche Empfindungen mit einer solchen Verzögerung bewusst werden.

Haggard hat die Probanden dazu gebracht, willkürliche und unwillkürliche Bewegungen auszuführen. Für die willkürliche Bewegung sollten sie zu einem selbst gewählten Zeitpunkt eine Taste drücken. Danach wurde in einem kurzen zeitlichen Abstand künstlich ein akustisches Signal erzeugt. Für die unwillkürliche Bewegung wurde durch transkranielle Magnetstimulation (transcranial magnetic stimulation = TMS) im motorischen Cortex eine Bewegung ausgelöst, auf die ebenfalls ein akustisches Signal folgte.

Haggard stellte fest, dass die Probanden bei gewollten Bewegungen die Handlung später bewusst wahrnahmen, also vordatierten, und den darauf folgenden Ton früher wahrnahmen, also rückdatierten. Bei nicht gewollten Bewegungen wurde dagegen die Handlung rückdatiert, der Ton vordatiert. Es wurden also bei willentlichen Bewegungen Handlung und akustische Wahrnehmung zeitlich in der bewussten Wahrnehmung näher aneinander gerückt. Bei unwillentlichen Bewegungen wurden dagegen Handlung und akustische Wahrnehmung im Bewusstsein durch eine größere zeitliche Spanne getrennt.

Das sah Haggard als ein Zeichen für einen Bindungseffekt. Bei der willkürlichen Bewegung wird das akustische Signal, das kurz darauf ertönt, von der Person so erlebt, als sei es von ihr selbst ausgelöst und bewirkt worden. Um diese Einheit von Handlung und sensorischer Rückmeldung herzustellen und zu verstärken, werden Handlung und Wahrnehmung der Wirkungen der Handlung im Bewusstsein zeitlich enger zusammengebracht. Die Person erlebt sich als Akteur, der direkt, gleichsam instantan, etwas in der Welt bewirkt. Bei der unwillkürlichen Bewegung soll diese Bindung anscheinend nicht hergestellt, sondern vermieden werden. Das akustische Signal wird im Gegenteil als zeitlich später folgend erlebt. Das wirkt einer Bindung entgegen. Die Person hat das Gefühl, dass das akustische Signal nichts mit ihrer Bewegung zu tun hat.[10]

Haggard hat bei weiteren Experimenten die Töne 250, 450 oder 650 ms nach dem ersten Event (Tastendruck bzw. durch TMS ausgelöste Bewegung) erzeugt. Dabei war der Bindungseffekt für 250 ms am größten, für 450 ms kleiner und für 650 ms am kleinsten.

[10] Diese Ergebnisse entsprechen der Theorie der „apparent mental causation“ von Daniel Wegner (s. Wegner 2018, S. 60ff). Danach werden Ereignisse in der Umgebung als Ergebnisse eines Gedankens erlebt, wenn drei Bedingungen erfüllt sind: Priorität, Konsistenz und Exklusivität. Priorität bedeutet, dass das Ereignis in einem kleinen Zeitfenster nach dem Gedanken passieren muss (innerhalb weniger Sekunden). Konsistenz bedeutet, dass das Ereignis irgendwie zu dem Gedanken passen muss. Exklusivität verlangt, dass es zu dem Ereignis keine alternative Ursache gibt, die plausibel ist. Haggards Experimente untersuchen die erste Bedingung, das Prioritätsprinzip. Allerdings wird der zeitliche Abstand im Versuch von Haggard durch Gehirnfunktionen bestimmt. Es muss also im Gehirn Funktionen geben, die willentliche Bewegungen von nicht-willentlichen unterscheiden können.

4.3 Haynes

4.3.1 Unbewusste mentale Prozesse

Libet hatte herausgefunden, dass Entscheidungen für bewusste Bewegungen eine unbewusste Aktivität im SMA[11] vorausgeht. John-Dylan Haynes et al. stellten sich die Frage, ob die bewusste Bewegung noch früher in anderen Hirnarealen vorbereitet wird (s. Haynes et al. 2008a).

Haynes hat untersucht, in welchen Bereichen die Entscheidung vorbereitet wird. Er hat mit seinem Team Aufnahmen mit einem bildgebenden Verfahren (fMRI = functional magnetic resonance imaging) gemacht.[12] Die Probanden sollten zu einem willkürlichen Zeitpunkt eine linke oder rechte Taste drücken. Es wurden nacheinander Bilder mit einem Buchstaben gezeigt, die alle 500 ms wechselten. Die Versuchspersonen sollten sich den Buchstaben zu dem Zeitpunkt ihrer Wahl merken. Nachdem die linke oder rechte Taste gedrückt wurde, erschien eine Antwortkarte mit vier Buchstaben. Es sollte der zum Zeitpunkt der Entscheidung gewählt werden. Die meisten Bewegungen wurden 1000 ms vor dem Tastendruck bewusst gewählt.

Zwei Bereiche bestimmten die Bewegung: primärer motorischer Kortex (primary motor cortex) und SMA. Und zwei Bereiche bestimmten die Entscheidung schon vor der Bewegung: Die Aktivität im präfrontalen Kortex BA 10 (frontopolar cortex Brodman area 10) zeigte die Entscheidung schon 7-10 Sekunden vorher an. Ein weiterer Bereich mit relevanter Aktivität war der Parietallappen oder Scheitellappen vom Precuneus bis zum posterioren Cingulum. Die Entscheidung konnte dort bis zu 5 Sek. vor der bewussten Wahl vorhergesehen werden.

> The temporal ordering of information suggests a tentative causal model of information flow, where the earliest unconscious precursors of the motor decision originated in frontopolar cortex, from where they influenced the

---

11 SMA = supplementary motor area (supplementär-motorische Rinde).

12 Das EEG hat eine höhere zeitliche, aber eine geringe räumliche Auflösung. Bildgebende Verfahren haben dagegen eine niedrige zeitliche, aber hohe räumliche Auflösung. Mit dem fMRI-Verfahren können nur wenige Aufnahmen pro Sekunde gemacht werden. Aber sie zeigen räumliche Details in höherer Auflösung und auch Aktivitäten geringer Intensität an.

buildup of decision-related information in the precuneus and later in SMA, where it remained unconscious for up to a few seconds. This substantially extends previous work that has shown that BA10 is involved in storage of conscious action plans and shifts in strategy following negative feedback. Thus, a network of high-level control areas can begin to shape an upcoming decision long before it enters awareness. (Haynes et al. 2008a, S. 545)

4.3.2 Vorhersage abstrakter Entscheidungen

Libet konnte nur einfache Bewegungen durch Beobachtung von neuronaler Aktivität registrieren. Er war aber der Ansicht, dass auch abstraktere Entscheidungen und komplexere Handlungen durch Aktivitäten in verschiedenen Hirnarealen unbewusst initiiert werden. In einer weiteren Untersuchung von Haynes et al. wurde durch Messungen schon 4 Sek., bevor die Probanden sich bewusst entschieden, festgestellt, ob sie eine Addition oder eine Subtraktion vornehmen würden (s. Haynes et al. 2013).

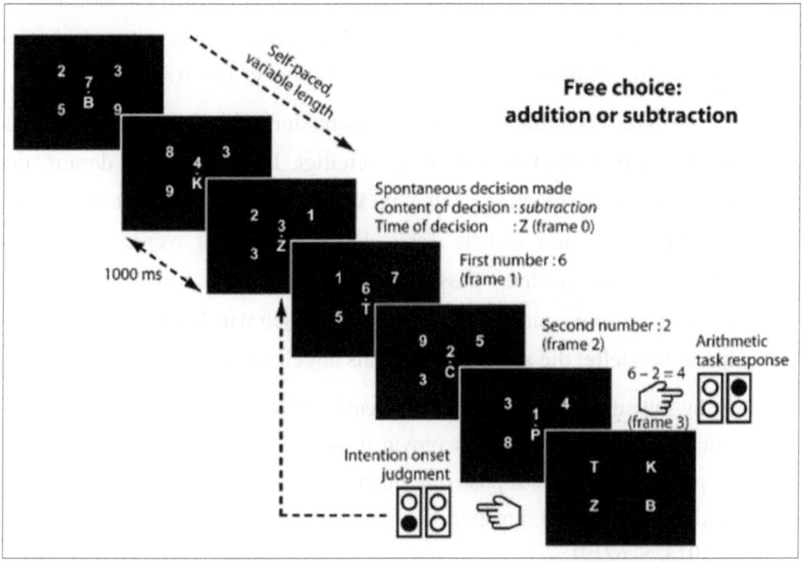

Abb. 3: Karten zum Rechentest (Haynes et al. 2013, Fig. 1, S. 6218)

Die Probanden sollten sich spontan dafür entscheiden, zwei Zahlen zu addieren oder zu subtrahieren. Es erschienen nacheinander Karten mit 5 Ziffern und einem

Buchstaben in der Mitte (s. Abb. 3). Die Karten wurden in einem zeitlichen Abstand von 1000 ms gezeigt. Wenn die Person sich entschied, zu addieren oder zu subtrahieren, sollte sie sich den Buchstaben für den Zeitpunkt merken. Dann sollte sie die Ziffern in der Mitte der nächsten beiden Karten abwarten und auf ihnen die Operation ausführen. Auf der dritten Karte standen in den Ecken die Ergebnisse für die Addition und die Subtraktion und zwei falsche Ergebnisse. Der Proband sollte durch Tastendruck sein Ergebnis auswählen. Auf der vierten Karte erschienen vier Buchstaben. Es sollte der Buchstabe für den Zeitpunkt der Entscheidung gewählt werden.

Es wurde alle 2000 ms eine fMRI-Aufnahme gemacht. Bis zu vier Sekunden vor der bewussten Entscheidung konnte aus den Bildern abgelesen werden, ob die Person die nächsten beiden Zahlen addieren oder subtrahieren würde.

> We found that up to 4 s before the conscious decision, a medial frontopolar region ($P < 0.00005$ uncorrected, 5-voxel cluster threshold, 59.5% accuracy) and a region straddling the precuneus and posterior cingulate ($P < 0.00005$ uncorrected, 5-voxel cluster threshold, 59.0% accuracy) began to encode the outcome of the upcoming decision (Fig. 2). (Haynes et al. 2013, S. 6218)

Die Areale, an deren Aktivität die spätere Entscheidung abgelesen werden konnte, sind nicht an der motorischen Steuerung beteiligt. Das ergibt sich daraus, dass zum Zeitpunkt der Entscheidung noch nicht klar ist, an welcher Stelle das richtige Ergebnis stehen wird und welche Taste deshalb gedrückt werden muss. Der Versuch wurde so angeordnet, dass die Entscheidung für eine mathematische Operation nicht die Bewegung festlegte, so dass es sich wirklich um eine abstrakte Entscheidung handelte, die aus den Hirnscans abgelesen werden konnte.

> Thus, by fully dissociating high-level intentions from motor preparation and execution, our current findings provided direct evidence that the medial frontopolar and precuneus/posterior cingulate regions were involved in the formation of high-level intentions for voluntary actions in general. (Haynes et al. 2013, S. 6219)

Ferner hatten Haynes et al. festgestellt, dass es neben den Bereichen, die an dem Inhalt der Entscheidung beteiligt sind, andere Hirnareale gibt, die für das Timing verantwortlich sind.

4.3.3 Möglichkeiten eines Vetos

Haynes hat in Experimenten untersucht, ob und bis wann eine Versuchsperson nach Beginn des RP eine vorbereitete Bewegung abbrechen kann, ob also ein Veto möglich ist, welches Libet erwogen hat, um Willensfreiheit möglich erscheinen zu lassen, auch wenn die bewusste Entscheidung erst nach dem RP erfolgte. Den Probanden wurde dafür im Experiment von Haynes et al. ein Stopp-Signal gezeigt, auf das hin sie die vorbereitete Bewegung unterlassen sollten (s. Haynes et al. 2016).

Die Probanden sollten nach einem grünen Signal auf dem Monitor etwa 2 Sekunden warten und dann mit dem Fuß eine Taste auf dem Boden drücken. Es wurde in zeitlichem Abstand ein rotes Signal auf dem Monitor angezeigt. Wenn das gezeigt wurde, sollten die Probanden die Taste nicht drücken, also den beabsichtigten Tastendruck abbrechen.

Im Stadium I erschien das Stopp-Signal nach zufälliger Zeit. Im Stadium II wurde die Bewegung nach Möglichkeit durch EEG-Messung des RPs vom System vorhergesehen und dann das Stopp-Signal gegeben. Im Stadium III wurde das den Probanden mitgeteilt, und sie wurden aufgefordert, möglichst unvorhersehbar zu agieren.

Die Zeit vom Start bis zum Beginn des EMG[13] betrug durchschnittlich 5441 ms, vom EMG bis zum Tastendruck 316 ms. Die Bewegungen erfolgten in Phase II und III schneller. Die RPs waren in allen drei Stadien ähnlich.

Um zu erfahren, ob die Vorhersagen für die Bewegungen richtig waren, auch bei nicht erfolgtem Tastendruck, wurden zwischendurch immer wieder sogenannte „silent predictions“ durchgeführt. Dabei wurde festgehalten, welchen Zeitpunkt das System für die Bewegung vorhersagte, es wurde aber kein Stopp-Signal gegeben. Dadurch wurde es möglich, die Vorhersage mit dem Zeitpunkt der tatsächlich erfolgten Bewegung zu vergleichen.

---

[13] Elektromyografie, Verfahren zur Messung der Muskelaktivität.

Haynes fand dabei heraus, dass der Abbruch der Bewegung später als 200 ms vor Einsetzen des EMG nicht möglich war. Danach war während einer kurzen Zeitspanne höchstens noch eine Abänderung der Bewegung möglich.

> If the stop signal occurs later than 200 ms before EMG onset, the subject cannot avoid moving. However, up until a second point of no return is reached (after movement onset), participants can still avoid completing the movement. (Haynes et al. 2016, S. 1083)

Nach Schurger et al. kann die Bewegung noch 150 ms davor nicht ganz abgebrochen, aber geändert werden.

> What is particularly interesting about the study by Schurger et al. is that they identify the onset of the decision not with the onset of the RP but with the final stage when the RP crosses a threshold in movement-related brain regions. This postpones the potential period during which a decision can be influenced toward the end of the RP. Our study is compatible with this and suggests that a decision to move can be cancelled up until 200 ms before movement onset. (Haynes et al. 2016, S. 1084)

Haynes interpretiert das Veto aber nicht dualistisch. Für ihn ist klar, dass bestimmte Hirnregionen dabei involviert sind, hat aber nicht untersucht, welche Hirnregionen für den Abbruch verantwortlich sind (s. Haynes et al. 2016, S. 1084).

Allerdings kann eingewendet werden, dass das Veto bei diesen Versuchen nicht von den Probanden selbst eingeleitet wird, sondern auf das Stopp-Signal erfolgt. Die 200 ms bis zum EMG, in denen ein Veto möglich ist, ergeben sich dann vielleicht eher aus der Reaktionszeit auf das Signal.

Haynes et al. fassen zusammen:

> To summarize, our results suggest that humans can still cancel or veto a movement even after onset of the RP. This is possible until a point of no return around 200 ms before movement onset. However, even after the onset of the movement, it is possible to alter and cancel the movement as it unfolds. (Haynes et al. 2016, S. 1084)

4.4 Herrmann

Christoph Herrmann et al. haben Versuche unternommen, bei denen ein BP auftrat, als noch keine Entscheidung getroffen werden konnte. Das deutet darauf hin, dass das BP eine allgemeine Vorbereitung auf eine Handlung ist.

In dem Versuch (s. Herrmann et al. 2008) diente das Kanizsa-Quadrat (Figur a in Abb. 4) als Zielreiz und sollte bei Anzeige mit dem rechten Knopf beantwortet werden, die anderen Figuren waren Vergleichsreize, bei denen der linke Knopf zu betätigen war (s. Abb. 4). Die mittlere Reaktionszeit für den linken Knopf war 414 ms. Die neuronale Aktivität ging dem Tastendruck um mindestens 1,3 Sek. voraus. Das BP entspricht daher eher der unspezifischen Erwartung der Versuchspersonen.

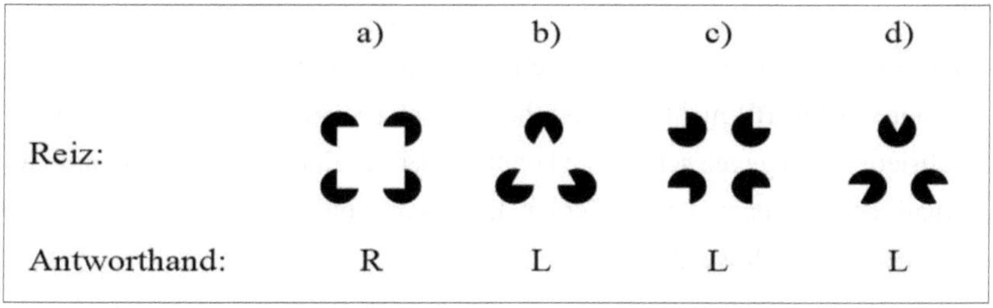

Abb. 4: Testfiguren (nach Herrmann und Dürschmid 2010, Abb. 4, S. 134)

Herrmann und Dürschmid schreiben:

> Es erscheint uns aus diesen Gründen plausibler, die von Libet beobachtete Aktivität als Indiz einer allgemeinen Erwartung und nicht als spezifische Determination der bewussten Bewegungsentscheidung zu interpretieren. (Herrmann und Dürschmid 2010, S. 135)

Herrmann und Dürschmid übernehmen von Pauen als Kriterium für die Freiheit das Autonomieprinzip, ersetzen aber die Urheberschaft durch Bewusstwerdung.

> Ist eine Handlung von Bewusstsein über die Handlungsintention begleitet, so qualifiziert sie für freiwilliges Handeln. Ist die Handlung zusätzlich ohne äußere Zwänge durchgeführt worden (Autonomieprinzip), so ist sie als frei anzusehen. Hier wurde also das Prinzip der Urheberschaft durch das Prinzip der Bewusstwerdung ersetzt. (Herrmann und Dürschmid 2010, S. 141)

4.5 Zusammenfassung

Kornhuber und Deecke hatten in ihren Experimenten festgestellt, dass bis zu einer Sekunde vor einer willkürlichen Bewegung mit dem EEG ein Bereitschaftspotenzial gemessen werden konnte.

Libet hat den Zeitpunkt W der bewussten Entscheidung für die Bewegung gemessen und gefunden, dass W erst 350-400 ms nach dem BP auftrat. Also wurde die bewusste Entscheidung durch eine unbewusste Hirnaktivität eingeleitet. Er vertrat die Auffassung, dass diese zeitliche Reihenfolge nicht nur für einfache Bewegungen gilt, sondern für beliebige Handlungen. Dadurch sah er die Willensfreiheit gefährdet. Einen Ausweg sah er in der Möglichkeit eines bewussten Vetos, mit dem eine Handlung vor der Ausführung abgebrochen werden konnte.

Haggard et al. haben das lateralisierte BP gemessen. Sie fanden, dass das von Libet untersuchte BP nicht als Ursache der Entscheidung in Frage kommt, das lateralisierte BP dagegen schon. Sie konnten aber bei einer Entscheidung mit zwei Alternativen aus dem lateralisierten BP nicht ableiten, welche der beiden Alternativen gewählt werden würde.

Haynes et al. haben mit bildgebendem Verfahren (fMRI) gezeigt, dass in anderen Hirnarealen schon 5 Sekunden vor der bewussten Entscheidung zu sehen war, welche von zwei Alternativen gewählt werden würde. Und sie konnten das auch für abstrakte Entscheidungen nachweisen, die nicht mit einer Bewegungsintention verbunden waren.

Herrmann et al. konnten ebenfalls zeigen, dass das BP nicht spezifisch für eine Handlung ist, sondern nur eine unspezifische Vorbereitung darauf sein kann.

5 Freiheitsverneinende Interpretationen der neurowissenschaftlichen Experimente

5.1 Gerhard Roth

5.1.1 Experimentelle Überprüfung

In dem Beitrag „Lässt sich Willensfreiheit empirisch überprüfen, und welche Konsequenzen hätte das mögliche Resultat?“ (s. Roth 2010) erhebt Gerhard Roth Einwände gegen die Willensfreiheit:

1. Wenn es eine Willensfreiheit gäbe, müsste es eine Kausallücke in den neuronalen Aktivitäten geben, in die der Geist eingreifen kann. So eine Lücke ist aber nicht festzustellen.

2. Die Willensfreiheit im Strafrecht ist ein normatives Konstrukt und hat nichts mit Tatsachenbehauptungen zu tun. Dafür wäre ein empirischer Nachweis nötig. Und es gibt erhebliche Zweifel, ob der zu erbringen ist, da die Ergebnisse der Neurowissenschaften gegen die Möglichkeit der Willensfreiheit sprechen. „Es genügt nämlich, dass es sowohl aus philosophisch-theoretischer wie empirisch-experimenteller Sicht *erhebliche Zweifel* an der Existenz von Willensfreiheit gibt, damit die Strafrechtstheorie sich entweder von einer Schuldbegründung über die Willensfreiheit verabschieden müsste oder ihre zentrale Bedeutung im Strafprozess zumindest mindern sollte, zum Beispiel bei der Feststellung der Schuldfähigkeit“ (Roth 2010, S. 151).

3. Viele definieren Freiheit dadurch, dass man unter identischen physikalisch-physiologischen Bedingungen A oder genauso gut B tun kann. Da man aber nie die gleichen Bedingungen herstellen kann, ist das prinzipiell nicht überprüfbar. Es ist aber nicht nötig, die gleichen Bedingungen herzustellen. Es reicht, dass man unter ähnlichen Bedingungen ein Verhalten mit großer Sicherheit vorhersagen kann. „Dabei würden 80 Prozent bei weitem genügen: Wettervorhersagen sind meist schlechter, und dennoch zweifelt niemand daran, dass es sich beim Wetter um ein prinzipiell deterministisches, wenngleich sehr komplexes System handelt“ (Roth 2010, S. 152).

4. Wir meinen, dass unser Erleben der Willensfreiheit keine Illusion sein kann. Aber wenn uns etwas irgendwie zu sein scheint, garantiert das nicht, dass es so ist. Ferner gibt es automatisierte Handlungen, die wir uns zuschreiben. Und durch Hypnose oder Hirnstimulation können ebenfalls Handlungen ausgelöst werden, die wir uns zuschreiben, denen aber keine freie Willensentscheidung vorhergeht.

Roth folgert, dass die Möglichkeit der Willensfreiheit durchaus empirisch überprüft werden kann. Und er schließt aus den neurowissenschaftlichen und psychologischen Experimenten, dass es keine Willensfreiheit gibt.

5.1.2 Neuronale Aktivitäten bei willentlichen Handlungen

Roth beschreibt die neuronalen Abläufe bei willentlichen Handlungen. Diese werden gesteuert durch Aktivität in der Großhirnrinde, und zwar vom motorischen Cortex (Muskelansteuerung), dem lateralen prämotorischen und dem medialen supplementärmotorischen Cortex (globalerer Handlungsablauf). Der supplementärmotorischen Cortex (prae-SMA oder SMA) muss aktiv sein, damit das Gefühl des Wollens aufkommt. SMA und lateraler prämotorischer Cortex sind eher mit von außen angestoßenen Handlungen befasst. Der hintere (posteriore) Cortex ist für Handlungsintentionen zuständig, zusammen mit dem präfrontalen und frontopolaren Cortex (Planung von Handlungen, Durchführung, Konsequenzen). Ferner sind die Basalganglien beteiligt. Sie ermöglichen wohl ein Handlungsgedächtnis.

Bei der Bewegungssteuerung spielen die hemmenden Einflüsse eine wichtige Rolle. Es kommt darauf an, aus dem Vorrat vieler Handlungsalternativen eine bestimmte zu wählen und andere zu unterdrücken. Die Steuerung geschieht vor allem durch den Transmitter Dopamin.

Das Dopamin wird wiederum kontrolliert durch das limbische System, vor allem durch die Amygdala, das mesolimbische System und den Hippocampus.

> Wenn ich eine Bewegung ausführen will, dann wird kurz vor dem Starten einer Handlung für 1-2 Sekunden die dorsale Schleife zwischen Cortex, Basalganglien und Thalamus mehrfach durchlaufen. Während dieser Zeit baut sich im supplementärmotorischen, prämotorischen und motorischen

> Cortex das schon genannte Bereitschaftspotential auf. (Roth 2010, S. 156-157)
>
> Man spricht deshalb von einem *symmetrischen* Bereitschaftspotential, dem ein *lateralisiertes* Bereitschaftspotential folgt. Letzteres ist spezifisch für eine Bewegung, das heißt bei seiner Kenntnis kann die nachfolgende Bewegung verlässlich vorausgesagt werden. (Roth 2010, S. 157)

5.1.3 Neurowissenschaftliche Experimente

Roth geht auf die Experimente von Libet, Haggard und Eimer ein, insbesondere auf die von Haynes.

John Dylan Haynes et al. haben mit fMRI nachgewiesen, dass durch Aktivitäten im Frontalhirn eine Entscheidung bis zu 10 Sek. zuvor vorhergesagt werden konnte. Aktivitäten im Frontalhirn, im posterioren cingulären Cortex und im posterioren parietalen Cortex lassen unbewusste Handlungsintentionen entstehen, die zusammen mit der Erregung der Basalganglien ein BP aufbauen, bis die Schwelle des Bewusstseins überschritten wird. Es kommt dadurch zum bewussten Willensentschluss. Ohne die Mitwirkung der Basalganglien kann das BP nicht die kritische Schwelle überschreiten. „Der Willensakt oder -ruck ist dabei die *Folge* und nicht die Ursache des Bereitschaftspotentials“ (Roth 2010, S. 160). Die Verzögerung zwischen BP und Willensakt liegt bei 300-500 ms.

5.1.4 Schlussfolgerungen von Roth

Gerhard Roth schließt aus den Experimenten, in denen der bewusste Willensakt erst mit Verzögerung auf unbewusste Aktivitäten in Gehirnbereichen, vor allem dem BP und dem lateralen BP, folgt, dass nicht wir entscheiden, sondern das Gehirn. Bei distalen Entscheidungen ist das bewusste Ich involviert:

> Allerdings ist die häufig zitierte Aussage „das Gehirn hat bereits entschieden, ehe ich entschieden habe!“ nur für diese *kurzfristigen* Entscheidungsprozesse richtig. Bei längerfristigen Handlungsplanungen ist das bewusste Ich selbstverständlich beteiligt und mag diesen Planungen eine völlig neue Richtung geben. (Roth 2010, S. 161)

Aber auch bei distalen Entscheidungen handelt es sich um eine Illusion, wenn man von einer möglichen Willensfreiheit ausgeht:

> Welche Gedanken, Wünsche oder Intentionen mir aber während dieses Abwägeprozesses kommen und was sie bewirken, verläuft genauso wie die letztendliche Entscheidung im Zusammenspiel bewusster corticaler und unbewusster subcorticaler Prozesse, und dieses Zusammenspiel unterliegt nach allem, was wir wissen, dem Prinzip der neuronalen Kausalität – so komplex sie sein mag. Auch hier gibt es keine „rein geistige" Verursachung. (Roth 2010, S. 161)

Denn hinter dem Handeln steckt ein Determinismus von Motiven, die sich entwickeln, teils genetisch angelegt sind. Falls wir motivlos handelten, wäre das zufällig und spräche sicherlich nicht für die Willensfreiheit. Damit ist eine Freiheit des Willens nicht möglich. Vor allem bei schweren Straftaten findet man besonders starke Determinanten des Handelns.

> Eine Willensfreiheit im obigen klassischen Sinn hat hierbei keinen vernünftigen Platz: Sofern sie durch Motive bestimmt ist, unterliegt sie dem geschilderten Motivdeterminismus und ist nicht im streng philosophischen (Kant'schen) Sinne frei. Ist sie aber nicht mit Motiven verknüpft, so ist sie motivlos, um nicht zu sagen unmotiviert und damit nicht von rein zufälligem Verhalten unterscheidbar. (Roth 2010, S. 163)

Wenn Willensfreiheit eine Illusion ist, so ist für Roth, wie auch für die meisten anderen Freiheitsverneiner, zu klären, wie es zu dem Gefühl kommt, dass wir die Urheber unserer Handlungen sind. Dazu unterscheidet er zwischen der Willensfreiheit auf der einen Seite und der Wahl- oder Handlungsfreiheit auf der anderen Seite. Wahl- oder Handlungsfreiheit besteht darin, dass ich meinen Willen ohne äußeren oder inneren Zwang verwirklichen kann. Die Handlungsfreiheit sieht er nicht im Widerspruch zum Determinismus:

> Diese Wahl- oder Handlungsfreiheit ist vollkommen vereinbar mit der Annahme, dass die Wahl, die ich schließlich treffe – günstige äußeren Umstände vorausgesetzt – von meinen unbewussten oder bewussten Motiven vollkommen bestimmt ist. Wäre dies nicht der Fall, dann wäre es nicht *meine* Wahl! (Roth 2010, S. 164)

Aber der Wille soll unfrei sein, weil ich Motive habe: „Unser Handeln kann frei sein, auch wenn unser Wille nicht frei ist" (Roth 2010, S. 164).

Willensfreiheit ist also illusionär. Roth argumentiert mit dem Argument alternativer Möglichkeiten: „[…] ich hätte auch anders handeln können, *wenn ich nur gewollt hätte*! Ich habe aber nicht anders gewollt, weil bestimmte Motive meinen Willen in der einen und nicht in der anderen Weise festgelegt haben, und ich weiß das auch“ (Roth 2010, S. 164).

Das Gefühl, dass ich es bin, der handelt, entsteht nach Roth durch Efferenzkopie. Bei einer Absicht entsteht eine Vorstellung der möglichen Wirkung der Handlung. Die sensomotorische Rückwirkung wird dann mit dieser Erwartung verglichen. Ist die Übereinstimmung groß, wird die Handlung als selbstverursacht angesehen. Dieses Gefühl der Übereinstimmung wird dann zeitlich rückdatiert vor den Beginn der Bewegung.[14]

Damit wir uns frei fühlen, reicht es, das wir das tun können, was wir wollen, also die Handlungsfreiheit.

Roth ist vor allem an den Konsequenzen neurowissenschaftlicher Forschung für das Strafrecht und die Psychotherapie interessiert. Für das Strafrecht bedeuten die Ergebnisse von Libet und Haynes für Roth, dass der freie Wille eine Fiktion ist. Wir können nicht unseren Willen beeinflussen, denn dazu wäre wieder ein Wille nötig ad infinitum. Dem Straftäter wird also etwas Unmögliches abverlangt, wenn man ihm vorwirft, dass er seine Tat nicht unterlassen hat. Es muss deshalb auf die Konstruktion von Willensfreiheit ganz verzichtet werden.

> Niemand aber ist Herr seines Willens, denn dies hieße, die Motive, die zur Willensbildung beitragen, wiederum willentlich beeinflussen zu können. Wer aber beeinflusst dann den Willen, der meinen Willen beeinflusst? Wir sehen, dass wir sofort in einem infiniten Regress enden. Diesen vermeiden wir, indem wir einsehen, dass die Willensbildung durch einen – manchmal milden, manchmal heftigen – Kampf der Motive geschieht. Dabei sind nicht nur die unbewussten Motive per definitionem unbeeinflussbar durch meinen bewussten Willen, sondern auch meine bewussten Motive: ob mir der Wille

[14] Diese Erklärung deckt sich mit der von Daniel Wegner (s. Wegner 2018, S. 60ff). Sie entspricht der Konsistenzbedingung in seiner Theorie der „apparent mental causation“. Danach entsteht das Gefühl der Urheberschaft unter anderem dann, wenn der Inhalt des Gedankens vor einem Ereignis mit demselben stark übereinstimmt.

> zum Unterlassen der Tat kommt oder nicht, hängt von den Bedingungen des Motivkampfs ab. (Roth 2010, S. 167)

Roth verzichtet deshalb auf den Schuldbegriff, ist aber für die Bestrafung von Normverletzungen. Denn man wird im Zivilrecht auch für einen Schaden verantwortlich gemacht, den man nicht willentlich verursacht hat. Ziel der Strafe ist der Aufbau des Rechtsbewusstseins, Abschreckung potentieller Täter, Therapie und, wenn nicht anders möglich, Schutz der Gesellschaft durch Wegschließen des Täters. Strafe ist dann keine Vergeltung oder Rache mehr, sondern eine zielgerichtete Maßnahme.

5.2 Wolfgang Prinz

5.2.1 Freiheit als Illusion

Der Psychologe und Kognitionswissenschaftler Wolfgang Prinz nimmt in „Kritik des freien Willens: Bemerkungen über eine soziale Institution“ (Prinz 2004b) eine geteilte Haltung ein. Er stellt zum einen fest, dass Freiheit eine Illusion ist, beschäftigt sich aber auch mit der Frage, welchen Zweck das Gefühl der Freiheit haben kann.

> In Kollision geraten wir dagegen mit den Regeln der Zunft, wenn wir das empirische Phänomen zum theoretischen Konstrukt erheben, indem wir etwa glauben, dass *wir uns deshalb frei fühlen*, weil wir *frei sind.* Genau gesehen sind es zwei Zunftregeln, mit denen wir dabei kollidieren. Die eine betrifft die Trennung von Wahrnehmung und Wirklichkeit, die andere die Ideen der geschlossenen Kausalität und des durchgehenden Determinismus. (Prinz 2004b, S. 200)

Mit Zunft meint Prinz die wissenschaftliche Psychologie. Er wirft den Verteidigern der Freiheit zum einen vor, dass sie von dem Gefühl der Freiheit auf die Realität freien Handelns schließen. Introspektiv Beobachtetes wird oft als Realität wahrgenommen. Dass das für Beobachtungen in der physischen Welt falsch sein kann, weiß man durch mannigfache Beispiele. Aber für mentale Vorgänge wird diese Gleichsetzung von vielen weiter vorgenommen:

> Dass dies auf breiter Front geschehen konnte – und in einigen Bereichen immer noch geschieht – beruht auf einem tiefgreifenden Missverständnis über

> den Status introspektiver Beobachtungen, das nur schwer auszumerzen ist. Dieses Missverständnis besteht in der irrigen Annahme, dass die Wahrnehmung psychischer Vorgänge ein Prozess von völlig andersartiger Struktur ist als die Wahrnehmung physischer Vorgänge. (Prinz 2004b, S. 200)

Aber die Introspektion gibt uns keinen privilegierten Zugang zu psychischen Vorgängen. Prinz gibt Beispiele von Experimenten, bei denen die Berichte der Probanden kaum hilfreich sind, den Ablauf und das Zustandekommen von mentalen Prozessen zu verstehen und nachzuvollziehen. Er schließt:

> Was immer wir aus der Introspektion über psychische Prozesse zu wissen glauben – dieses Wissen ist stets das Produkt selektiver Repräsentation, inhaltlicher Fokussierung und kategorialer Überformung. Deshalb sagt, dass wir uns frei *fühlen*, nichts darüber aus, wie frei oder unfrei die zu Grunde liegenden Prozesse *sind*. (Prinz 2004b, S. 201)

Zweitens sieht Prinz einen Widerspruch zwischen der Idee der Willensfreiheit und dem wissenschaftlichen Denken, weil die Willensfreiheit einen Indeterminismus voraussetzt: „Ein weiterer Grund für die Inkompatibilität zwischen Willensfreiheit und Wissenschaft rührt daher, dass die Idee der Willensfreiheit uns zumutet, in einem ansonsten deterministisch verfassten Bild von der Welt lokale Löcher des Indeterminismus zu akzeptieren“ (Prinz 2004b, S. 201).

Prinz gibt zu, dass die Quantenphysik oder die Chaostheorie Indeterminismus nicht nur für möglich hält, sondern dass derselbe zentraler Bestandteil der Theorien ist.[15] Aber Willensfreiheit erfordert nach seinem Verständnis wesentlich mehr:

> Allerdings geht es hier – genau besehen – nicht nur um Indeterminismus, sondern um etwas viel Radikaleres, nämlich um indeterminierte Determination. Diese soll von einem autonom gedachten Subjekt ausgehen, das sich selbst bestimmt – einem unbewegten Beweger also. (Prinz 2004b, S. 201)

---

[15] Die Chaostheorie hat allerdings mit Indeterminismus nichts zu tun, auch wenn sie oft in einem Atemzug mit ihm genannt wird. Sie sagt nur, dass in bestimmten Situationen kleinste Änderungen der Ausgangsbedingungen zu großen Änderungen im späteren Ablauf führen. Der Ablauf ist weiterhin vollkommen deterministisch. Aber für die Berechnung sind absolut exakte Rechenoperationen nötig und eine Kenntnis der Ausgangsgrößen mit unendlicher Genauigkeit. Das ist praktisch nicht realisierbar. Deshalb sind die Vorgänge in den typischen Beispielen der Chaostheorie determiniert, aber nicht vorhersehbar. Man muss also Determiniertheit von Vorhersehbarkeit oder Berechenbarkeit unterscheiden.

Prinz sagt damit, dass Indeterminismus nicht reicht, um Freiheit zu ermöglichen, weil damit nur Zufälligkeit im Handeln erreicht wird. Aber die Handlung muss determiniert sein, allerdings nicht durch materielle Bedingungen, sondern durch den Akteur.

Prinz kommt zum Schluss, dass das Konzept der Willensfreiheit im Rahmen der wissenschaftlichen Psychologie abgelehnt werden muss:

> Diese Zumutungen sind beträchtlich. Sie lassen nur einen Schluss zu: dass nämlich für Willensfreiheit als theoretisches Konstrukt im Rahmen der wissenschaftlichen Psychologie kein Platz ist. In diesem – theoretischen – Sinne müssen wir Willensfreiheit leugnen, wenn wir Wissenschaft betreiben wollen. (Prinz 2004b, S. 201)

5.2.2 Freiheit als Konstruktion

Prinz belässt es nicht bei dem Urteil, dass Freiheit eine Illusion ist. Er fragt danach, wie das Gefühl der Freiheit entstehen kann und welchen Zweck es hat.

Er unterscheidet dafür zwischen subpersonalen Prozessen, die Handlungsentscheidungen hervorbringen und kontrollieren, und „personalen Wahrnehmungsprozessen, in denen sie als Resultate eigener Entscheidungen erscheinen“ (Prinz 2004b, S. 202). Zu den subpersonalen Prozessen gehören Repräsentationssysteme für Präferenzen (z. B. Triebe, Bedürfnisse, Motive, Interessen usw.), für Handlungswissen und für Situationsbewertung (Vergleich von Zielen mit wahrgenommenen Situationen). Diese Prozesse reichen zur Erklärung von Entscheidungsprozessen vollkommen aus:

> Für eine besondere personale Instanz, die die Entscheidungen zu treffen hätte, ist kein Raum: *Entscheidungen kommen zustande, ohne dass da jemand wäre, der sie trifft.* (Prinz 2004b, S. 202)

Für die personalen Wahrnehmungsprozesse gibt es das Konzept eines rein geistigen Selbst und das konstruktivistische Konzept. Nach dem konstruktivistischen Modell wird das Selbst ein mentaler Inhalt, der aus Repräsentationen konstruiert wird.

> Die zentrale Intuition die in dieser Vorstellung zum Ausdruck kommt, kann man als *Selbst-Konstruktivismus* bezeichnen: Das Selbst wird auf der

> Grundlage einer spezifischen Wissensstruktur konstruiert, deren Verhältnis zu den übrigen repräsentationalen Strukturen jedoch nicht durch einen vorgegebenen Bauplan festgelegt ist, sondern in den Lern- und Sozialisationsprozessen bestimmt wird, in denen sich Wissensstrukturen bilden. (Prinz 2004b, S. 203)

Nach dieser Konzeption ist das Selbst ein Inhalt, der durch subpersonale Prozesse erzeugt wird. Für Entscheidungen sind die subpersonalen Prozesse verantwortlich. Das Selbst wird nachträglich konstruiert und ist nicht der Urheber der Entscheidungen und Handlungen. „Wir täuschen uns eben, wenn wir uns selbst als autonome Autoren unserer Handlungsentscheidungen verstehen“ (Prinz 2004b, S. 203).

Prinz sieht die Vorstellung des Selbst als eine Folge der Sozialisation. „Die Wahrnehmung der auf ihn gerichteten Fremdzuschreibungen erzeugt dann Selbstzuschreibung, und der Akteur macht sich schließlich die ihm zugeschriebene Selbst-Rolle zu eigen. Er konstituiert sich selbst im Spiegel der anderen und versteht sich schließlich so, wie die anderen ihn verstehen“ (Prinz 2004b, S. 203).

5.2.3 Wirksamkeit subjektiver Wahrnehmung

Da die personalen Wahrnehmungsprozesse auf subpersonalen Prozessen beruhen, sind sie trotzdem wirksam und ebenfalls wirklich. Eine Funktion im Konzept des Selbst sieht Prinz in der verlangsamenden Wirkung bei Handlungen: „Vermutlich besteht die entscheidende prozedurale Wirkung des Selbst-Systems darin, dass es gegenüber dem subpersonalen Produktionssystem, das auf Tempo und Effizienz angelegt sein muss, retardierend wirkt“ (Prinz 2004b, S. 204). Umgangssprachlich drückt das Prinz so aus: „Nimm Dir Zeit; denk gründlich nach; mach’ Dir klar, was Du wirklich willst; überlege, was Du leisten kannst“ (Prinz 2004b, S 204).

Ferner erfüllt das Konzept der Willensfreiheit eine soziale Funktion. Es ist damit möglich, Menschen als Akteure anzusehen und sie für ihr Handeln verantwortlich zu machen. Darauf bauen Recht, Moral und gesellschaftliche Institutionen auf. Prinz fasst zusammen:

> Einen freien Willen *haben* Menschen also genau in dem gleichen Sinn, in dem sie Räder, Rechte und Pflichten *haben*. Räder, Rechte und Freier Wille

> sind *Artefakte*, die Personen sich aneignen und in ihr eigenes Selbst integrieren. Für ihre Benutzer sind diese Artefakte keineswegs fiktiv, sondern reale Fakten, denn sie bestimmen ihren Handlungsspielraum in der gleichen Weise wie die natürliche Umgebung, in der sie leben. (Prinz 2004b, S. 205f)

5.3 Wolf Singer

Auch Wolf Singer vertritt eine freiheitsverneinende Sichtweise, nach der wir, wenn wir unser Selbst als Wesen mit einem freien Willen ansehen, einer Illusion unterliegen. Auch für Singer ist das Selbst ein Konstrukt. Wir können uns als freie autonome Agenten erfahren, weil uns viele determinierende Vorgänge im Gehirn nicht bewusst werden. Uns wird, nach der Ansicht von Singer, nur bewusst, was im Großhirn verarbeitet wird und dort lange genug stark synchronisiert abläuft. Auch er verweist, wie Prinz, auf die Rolle der sozialen Kontakte für das Selbstbild, das wir schaffen: „Eine weitere Voraussetzung für die Konstitution eines Selbst, das sich frei wähnt, so mein Vorschlag, ist die soziale Interaktion“ (Singer 2004, S. 47f).

Entscheidungen halten wir für frei, wenn sie auf bewussten Gründen beruhen, also rational sind. Aber diese Entscheidungen können trotzdem vor allem von unbewussten Einflüssen bestimmt gewesen sein.

Bewusste Entscheidungen haben den evolutionären Vorteil, dass man die Gründe mitteilen kann. Man kann sich mit anderen verständigen. Unbewusste Entscheidungen dagegen können viel mehr Variablen einbeziehen und laufen meist schneller ab.

6 Kritik an den Methoden der neurowissenschaftlichen Experimente

Es sollen zunächst eher methodische Probleme der Experimente angesprochen werden. Im nächsten Kapitel geht es dann um philosophische Folgerungen aus den Experimenten.

6.1 Kritik am Experiment von Libet

6.1.1 Zeitmessung der bewussten Entscheidung

Es stellt sich die Frage, ob die Probanden den Zeitpunkt der bewussten Willensentscheidung genau genug angeben können. Die Versuchspersonen müssen zwei Dinge gleichzeitig machen: auf die bewusste Absicht achten und die Uhr beobachten, um sich den Zeitpunkt von W (Zeitpunkt der bewussten Entscheidung) zu merken. Personen haben aber Schwierigkeiten, zwei Aufgaben simultan zu erledigen.

Ferner nimmt Libet eine Korrektur von W vor. Probanden nehmen eine Rückdatierung der Wahrnehmung eines externen Stimulus S vor. Sie werden sich eines Reizes eigentlich erst 200-400 ms nach der Stimulierung bewusst. Aber der Reiz wird von ihnen unbewusst rückdatiert auf etwa 50 ms vor dem Zeitpunkt der Stimulation. Libet geht davon aus, dass der Zeitpunkt W der bewussten Entscheidung ebenfalls auf 50 ms vor W rückdatiert wird (s. Libet 1999b, S. 51). Kann man aber schließen, dass beide Fehler (für S und W) gleich groß sind? W ist der Zeitpunkt der Bewusstwerdung eines mentalen Zustandes, S dagegen der für eine externe Wahrnehmung. Nach den Untersuchungen von Libet zu Datierungen von Wahrnehmungen (Time-on-Theorie) werden aber externe Wahrnehmungen rückdatiert, endogene dagegen nicht. W müsste etwa 400 ms nach dem Beginn der unbewussten Willensentscheidung liegen, genau wie die Wahrnehmung des externen Stimulus nach dem Reiz. Die externe Wahrnehmung wird rückdatiert auf 50 ms vor S. W dürfte aber nicht rückdatiert werden, da es sich um die Bewusstwerdung eines mentalen Zustandes handelt. Allerdings ist das Ablesen des Zeitpunkts auf der Uhr eine externe Wahrnehmung. Diese wird erst mit Verzögerung bewusst. Und der Zeitpunkt dieser Bewusstwerdung kann rückdatiert werden. Es ist aber fraglich, ob auch die abgelesene Zeit rückdatiert wird. Wenn ich mir eine Fünf-Uhr-Position merke, mir diese Wahrnehmung der Uhrposition verzögert bewusst wird und ich den Zeitpunkt der Bewusstwerdung rückdatiere, wird daraus nicht eine Vier-Uhr-Postion. Deshalb ist es nicht recht plausibel, dass W um 50 ms korrigiert werden muss.[16]

Und wenn W zurückdatiert wird, könnte die Bewusstwerdung des Willens sogar erst nach der Bewegung geschehen. Nach Laszlo wird die Absicht sogar erst durch Kinästhesie der Bewegung bewusst (s. Kommentar von C. H. Vanderwolf in Libet 1985, S. 555). Auch Walter meint, W könnte erst durch die Bewegung ausgelöst werden: Die Versuche „machen vor allem deutlich, dass das *Urteil*, dass eine bewusste Entscheidung zum Zeitpunkt *t* getroffen wurde, unterschieden werden muss vom *Treffen* einer bewussten Entscheidung zum Zeitpunkt *t*“ (Walter 2016, S. 115). Wenn W dagegen vordatiert wird (falls das möglich ist), dann könnte das Bewusstsein der Absicht sogar vor oder mit dem Anfang des BP beginnen.

Außerdem gibt es Versuche, die gezeigt haben, dass die Gleichzeitigkeit von zwei Ereignissen *verschiedener Modalitäten* nicht verlässlich zu beurteilen ist. Bei Libets Experiment muss gleichzeitig ein innerer Impuls gespürt und mit äußerer Wahrnehmung die Zeigerposition gelesen werden.

Ein weiteres Problem ist, dass es prinzipiell keine exakte Messung für den Zeitpunkt eines mentalen Ereignisses geben kann. Denn es gibt nach bisherigen Forschungen nicht den zentralen Ort für das Bewusstsein. Descartes hatte die Zirbeldrüse als einen solchen Ort angesehen, an dem alle Informationen zusammen kommen und bewusst werden. Dennett bezeichnet diesen imaginären Ort als Cartesianisches Theater, womit er ausdrücken will, dass es diesen Ort nicht geben kann. Aber das Bewusstsein von Inhalten entsteht in Zusammenarbeit verschiedener Hirnareale, die weit auseinanderliegen. Der Informationsaustausch zwischen diesen Arealen benötigt deshalb eine größere Zeitspanne. Dennett

---

[16] Libet unterstützt die kurze Latenzzeit von W mit einer entsprechend kurzen für S. Dafür wird aber nur ein älteres Paper zitiert. Dort liegt die Durchschnittszeit für S zwischen -167 ms und +83 ms (s. Kommentar von John S. Stamm in Libet 1985, S. 553f).

schreibt: „All the work done by the imaginary homunculus in the Cartesian Theater must be distributed *in time and space* in the brain“ (Dennett 2003, S. 123). Es ist deshalb unrealistisch, mentale Ereignisse mit einer Genauigkeit im Millisekundenbereich messen zu wollen.

6.1.2 Durchschnittsberechnung von Messungen

Das BP ist gemittelt und im Einzelfall eventuell sehr unterschiedlich. Das BP wurde mit EEG gemessen. Die schwachen Signale des Potenzials gingen aber im Hintergrundrauschen der verschiedenen anderen Signale unter. Deshalb wurden in jedem Experiment für jeden Probanden 40 Durchgänge gemacht. Die Signale wurden dann über alle 40 Durchgänge gemittelt, wobei der Zeitpunkt der Bewegung, gemessen durch das EMG, als Nullpunkt verwendet wurde. Durch die Durchschnittsberechnung wurde das zufällige Rauschen zum großen Teil ausgelöscht, das BP aber verstärkt und sichtbar gemacht. Die Zeitpunkte aber, die in den einzelnen Durchgängen gemessen werden sollten, könnten ganz unterschiedliche Werte haben.

6.1.3 Interpretation des Bereitschaftspotentials

Das BP könnte zu Beginn ein Potential sein, das nicht auf eine bestimmte Handlung ausgerichtet ist, sondern ungerichtete Fluktuationen darstellt. Das frühzeitige BP zeigt nicht, dass unsere Freiheit eine Illusion ist. Denn es könnte der Beginn eines graduellen Prozesses sein, der in einer bewussten Entscheidung mündet. Das BP könnte eine unspezifische Vorbereitung sein. Freiheit bedeutet, dass wir uns bewusst entscheiden, aber nicht, dass alle unsere Antriebe und Impulse bewusst ausgelöst werden.

> Angesichts der Tatsache, dass die philosophische Interpretation der Libet-Experimente entscheidend davon abhängt, was die Probanden eigentlich berichten und was genau unter dem Bereitschaftspotenzial zu verstehen ist, ist Libets terminologische Naivität kühn. (Walter 2016, S. 118)

Auch Mele bemerkt, dass Libets Vetostudien zeigen, dass das BP noch keine Absicht oder Entscheidung darstellt (s. Walter 2016, S. 119). Und BPs traten auch bei unwillkürlichen Bewegungen auf. Dann wären sie kein sicheres Anzeichen einer Vorbereitung einer willkürlichen Handlung. Das wird von Keller und

Heckhausen bestätigt. Sie beobachteten ein BP auch bei unbewussten Änderungen der Körperhaltung (s. Walter 2016, S. 120 und Keller und Heckhausen 1990).

Eine Stimulation im motorischen Areal durch Fried rief nur einen Drang hervor, aber keine Entscheidung oder Bewegung (s.Walter 2016, S. 120).

Versuche von Herrmann (s. Walter 2016, S. 121 und hier in Kapitel 4) wiesen nach, dass Personen schon ein BP zeigten, ohne zu wissen, welche Bewegung sie ausführen sollten. Das BP ist dann unspezifisch und stellt eher eine Erwartungshaltung dar.

Nach Schurger (s. Walter 2016, S. 121) ist das BP Artefakt spontaner Fluktuationen. Erst wenn bei den Libet-Experimenten ein Schwellenwert erreicht ist, kommt es zu einer Entscheidung. Man weiß bis heute nicht, was das BP genau ist: „Über die Frage, wie genau das Bereitschaftspotential empirisch zu interpretieren ist, herrscht demnach durchaus Uneinigkeit" (Walter 2016, S. 122).

Weitere Zweifel ergeben sich aus einer Studie von Trevena und Miller zum Smearing Artifact. „Das Smearing Artifact führt nun dazu, dass bestimmte Potentiale zeitlich erheblich zu früh angesetzt werden" (Pauen 2008, S. 207).

Das *Smearing Artifact* entsteht dadurch, dass das BP über 40 Durchgänge mit EEG gemittelt wurde. Dadurch entsteht, bei weitgehender Auslöschung des Hintergrundrauschens, eine ansteigende Kurve, die schon mit den frühesten Zeitpunkten für das BP beginnt, auch wenn es sich um einzelne Ausreißer handelt. Damit setzt das ermittelte durchschnittliche BP viel zu früh an (s. Trevena und Miller 2002). Selbst wenn W in jedem Durchgang vor dem Beginn vom BP liegen würde, könnte fast jeder der Zeitpunkte von W nach dem Beginn des Anstiegs des ermittelten Durchschnitts der BP liegen.[17]

Haggard und Magno machten einen Versuch, bei dem die Probanden nach dem Hören eines Tones eine Taste drücken sollten. Das dauerte im Mittel 231 ms. Also lag zwischen der Bewegung und dem auslösenden mentalen Ereignis eine viel kürzere Zeit als die 550 ms beim Experiment von Libet. Der Beginn der Reaktion

[17] Sei z.B. W(1) = -550, BP(1) = -530, W(2) = -520, BP(2) = -510, W(3) = -510, BP(3) = -500, W(4) = -450, BP(4) = -440. Dann beginnt das gemittelte BP bei -530, aber W(2), W(3) und W(4) beginnen später, nur W(1) liegt davor. Aber alle W(i) liegen vor dem jeweiligen BP(i).

liegt also beim Versuch von Haggard und Magno viel näher an W (s. Walter 2016, S. 120).

Nach Haggard und Eimer legt das symmetrische BP nicht fest, ob die linke oder rechte Hand bewegt wird (s. Haggard und Eimer 1999).

Zur Klärung hat Herrmann ein Experiment gemacht (s. Kapitel 4). Es sollte die linke oder rechte Hand bewegt werden, was abhängig war von bestimmten Bildern auf einem Monitor. Das BP trat aber nicht nur vor der Bewegung, sondern auch vor der Anzeige auf dem Monitorbild auf, konnte also keine Entscheidung bedeuten.

> Die Schlussfolgerung ist klar: Da das symmetrische Bereitschaftspotential auftritt, *bevor* die Versuchspersonen eine Entscheidung getroffen haben konnten, und die Versuchspersonen noch zwischen beiden Optionen zu wählen vermochten, legt das Potential *nicht* fest, welche Hand bewegt wird. (Pauen 2008, S. 204)

Es ist kein wirklicher Einwand gegen den freien Willen, dass es schon vor dem Bewusstwerden neuronale Aktivitäten gibt. Ideen, Antriebe, Impulse werden nicht kontrolliert erzeugt, sondern entstehen spontan. Die freie Entscheidung kann dann in der Abwägung und in der Überlegung liegen, welchem Impuls nachgegangen werden soll.

6.1.4 Spekulative Annahmen zum Veto

Libet geht an vielen Stellen von höchst spekulativen Annahmen aus. Er betrachtet z.B. das bewusste Veto als einen Eingriff, dem keine Aktivierung in Gehirnarealen vorausgehen muss. Ansonsten wäre auch das Veto, das in den letzten 100 ms vor der Aktivierung der Muskeln die Bewegung verhindern kann, bloß eine Bewusstwerdung von Prozessen, die schon längst angelaufen sind. Es würde sogar zu einer Situation kommen, die Libet so nicht explizit darstellt:

Wenn auch das Veto mit einer Verzögerung von 400 ms bewusst würde, würde es schon 300 ms vor der Bewusstwerdung des Willens zur Bewegung initiiert werden. Der Ablauf könnte dann so aussehen: 650 ms vor dem Zeitpunkt der Bewegung M initiiert das BP die Bewegung, 550 ms vor M initiiert das Gehirn das Veto, 250 ms vor M wird der Wille bewusst, 150 ms vor M wird das Veto bewusst und die Vorbereitung der Bewegung wird abgebrochen. Dann wäre das Veto keine Antwort auf den bewussten Willen, die Bewegung auszuführen. Es würde unbewusst eine Bewegung initiiert, und genauso unbewusst würde ein antagonistischer Impuls ausgelöst werden, der dem ersten Impuls entgegenarbeitet. Das Bewusstsein des Impulses zur Bewegung wäre nur ein Echo, genau wie das Bewusstsein des Vetos. Das Veto wäre also keine Verhinderung des ersten Impulses, sondern es wäre bloß ein zweiter Impuls, der entweder zufällig auf den ersten folgt, oder er wäre durch eine Konditionierung eingeübt und würde deshalb oft auf den ersten folgen. Libet nimmt nun an, um diese Schwierigkeiten zu umgehen, dass das Veto nicht durch Gehirnaktivitäten eingeleitet wird, die hunderte Millisekunden vorher beginnen. Er gibt selbst zu, dass diese Annahme nicht bewiesen ist, meint aber, dass es auch keine gegenteiligen Ergebnisse von Experimenten gibt.

Libet nimmt an, dass das Bewusstsein eines Prozesses mit 400 ms Verzögerung eintritt, das Bewusstsein dann aber alle Abläufe in diesem Prozess sozusagen in Realzeit begleitet.

Das ist prinzipiell denkbar. Es gibt einige Wissenschaftler, die davon ausgehen, dass das Bewusstsein jeweils in Phasen mit einer Dauer von etwa 3 Sekunden auf einen Inhalt gerichtet ist, um dann abzubrechen und neu aufgebaut zu werden. Es handelt sich also um Aufmerksamkeitsspannen von wenigen Sekunden (s. Schnabel 2004, S. 178ff). Danach muss die Aufmerksamkeit neu aufgebaut werden. Dabei richtet sie sich auf einen neuen Gegenstand, oder sie wird auf den bisherigen Fokus zurückgeführt.

So fällt das, was wir bewusst erleben, auch nach 5 Sekunden aus unserem Arbeitsgedächtnis heraus und ist unwiederbringlich verloren, wenn es nicht besondere Aufmerksamkeit erregt und in das Langzeitgedächtnis übernommen wird (s. Roth 2014, S. 200ff).

Auch Daniel Wegner geht von einer bestimmten Aufmerksamkeitsspanne aus. Er folgert aus der Beobachtung, dass der Neckerwürfel alle drei Sekunden in einer anderen Perspektive gesehen wird, dass Gedanken wohl alle drei Sekunden wechseln. Deshalb ist nach ihm anzunehmen, dass ein Gedanke, der innerhalb von drei Sekunden vor einer Aktion bewusst wird, auf die Handlung bezogen wird, wenn er inhaltlich passt. Die maximale Zeit dafür könnte 30 Sekunden sein, da das Kurzzeitgedächtnis so lange aktiv ist. Auch wenn es lange vorher eine Planung gab, ist für das Gefühl der Absicht ein Gedanke kurz vor der Tat nötig (s. Wegner 2018, S. 65ff). Libet schreibt:

> Ich schlage statt dessen vor, daß das bewußte Veto *keine* unbewußten Prozesse erfordert oder deren direktes Resultat ist. Das bewußte Veto ist eine *Kontrollfunktion,* die verschieden ist von einem bloßen Bewußtsein des Handlungswunsches. Es gibt keinen logischen Zwang in irgendeiner Geist-Gehirn-Theorie, nicht einmal in der Identitätstheorie, der eine spezifische neuronale Aktivität erfordert, welche das Wesen der bewußten Kontrollfunktion bestimmt und ihr vorhergeht. Und es gibt keine experimentellen Belege gegen die Möglichkeit, daß der Kontrollprozeß ohne die Entwicklung von vorherigen unbewußten Prozessen auftreten kann. (Libet 2004, S. 279)

In einem freiwilligen Akt wird das Bewusstsein 400 ms verzögert eintreten, nachdem Gehirnprozesse die Handlung unbewusst eingeleitet haben. Bewusstsein hat man nach Libet aber vom ganzen Ereignis, vom Drang zur Handlung und auch von den Faktoren für ein Veto. Bewusstsein ist nicht eingeschränkt auf einen Punkt des Prozesses.

> Bei einem endogen erzeugten, frei gewollten Akt tritt das Bewußtsein der Handlungsabsicht mit einer Verzögerung von etwa 400 ms auf, nachdem Gehirnprozesse diesen Vorgang unbewußt einleiten. Man kann sich das hier entwickelte Bewußtsein so vorstellen, daß es sich auf den gesamten Willensprozeß bezieht; das würde den Inhalt des bewußten Drangs zu handeln und den Inhalt von Faktoren, die ein bewußtes Veto beeinflussen können, einschließen. Man braucht sich das Bewußtsein eines Ereignisses nicht so vorzustellen, daß es auf ein einziges inhaltliches Detail im ganzen Prozeß beschränkt ist. (Libet 2004, S. 280)

Ähnlich spekulativ denkt Libet, wenn er die Ergebnisse seines Experiments auf beliebige Entscheidungen und Handlungen überträgt. Er gibt zu, dass neurowissenschaftliche Experimente auf sehr einfache Entscheidungen eingeschränkt sind. Aber er sieht keinen Grund, seine Ergebnisse nicht auf beliebige Handlungen übertragen zu können.

6.2 Kritik an Haynes, Herrmann, Haggard und Eimer

Auch wenn die Studien von Haynes, Herrmann, Haggard, Eimer und anderen über den Ansatz von Libet hinausgehen, treffen viele Kritikpunkte an Libets Arbeit auch auf sie zu.

Die Experimente werden teilweise mit wenigen Probanden durchgeführt. Im berühmten Experiment von Libet von 1983 standen nur 5 Probanden zur Verfügung.

Ferner werden vor vielen Experimenten die geeigneten Probanden ausgewählt. Bei Haynes et al. wurde in Vorexperimenten mehr als die Hälfte der Probanden ausgeschlossen, weil sie einen Knopf häufiger drückten als den anderen. Gefragt war also ein planloses Entscheiden, das wir eigentlich nicht als frei, sondern als zufällig werten würden (s. Walter 2016, S. 164).

> Interessanterweise werden Probanden, die nicht ungefähr gleich häufig die verfügbaren Alternativen wählen, in Vorexperimenten aussortiert. Wie man dann noch glauben kann, paradigmatische Fälle freier Entscheidungen und Handlungen zu untersuchen, offenbart sich nur der unergründlichen Weisheit empirischer Freiheitsskeptiker. (Walter 2016, S. 132f)

Wie vielleicht schon bei der Darstellung der Experimente aufgefallen ist, liegen die Messungen von RP, LRP oder W bei den verschiedenen Forschern weit auseinander. So haben bei Keller und Heckhausen und auch bei Trevena und Miller viele Probanden für ihre Entscheidung einen Zeitpunkt nach der Bewegung angegeben. Auch für das BP wurden stark differierende Zeiten gemessen.

Bei vielen Experimenten waren die Trefferquoten bei Vorhersagen niedrig. So sollte bei einem Experiment von Haynes et al. vorhergesehen werden, welche von zwei Tasten gedrückt werden würde. Die Entscheidung wurde von den Probanden 500-1000 ms vor dem Drücken datiert. Es konnten vor der Entscheidung Gehirnaktivitäten gemessen werden, die zu 60 Prozent auf die Entscheidung schließen ließen. Es handelt sich um Areale, die nicht mit der motorischen Steuerung, sondern vorheriger Informationsverarbeitung zu tun haben (s. Walter 2016, S. 158). Die Vorhersage war also in 4 von 10 Fällen falsch. Unter Vorhersage versteht man normalerweise etwas anderes.

Bei dem Experiment von Haynes, bei dem zwischen Addition und Subtraktion gewählt werden sollte, gab es während der Entscheidungsphase Aktivität im anterioren medialen präfrontalen Kortex (MPFCa), die mit der Entscheidung über die Rechenoperation korrelierte (71 Prozent Treffer). Während der Ausführungsphase gab es eine Aktivität im posterioren medialen präfrontalen Kortex (MPFCp) mit einer Trefferquote von 72 Prozent (s. Walter 2016, S. 156f).

Viele Studien ermöglichen nur ein Gedankenlesen, keine Vorhersagen. Allerdings sehe ich für die Interpretation der Experimente keinen entscheidenden Unterschied zwischen beidem. Wenn die Auswertung von bildgebenden Verfahren erst nachträglich erlaubt, aus den Gehirnaktivitäten auf die nachfolgenden Handlungen und Operationen zu schließen, so ist das kein prinzipielles Manko. Es ist vorstellbar, dass durch technische Verbesserungen die Auswertung derart beschleunigt werden kann, dass mit den gleichen Daten das folgende Verhalten vorhergesehen werden könnte, bevor es beobachtet wird.

7 Kritik an philosophischen Folgerungen aus den neurowissenschaftlichen Experimenten

Die bisherigen kritischen Einwände betrafen den technischen Ablauf der Experimente, die Art und Zuverlässigkeit der Messungen usw. In diesem Kapitel soll es um die philosophischen Konsequenzen gehen. Die neurowissenschaftlichen Experimente wurden oft in den öffentlichen Medien thematisiert. Vor allem wurde von einigen Philosophen, Psychologen und Kognitionswissenschaftlern der Schluss gezogen, dass der Mensch nicht frei entscheiden und handeln kann, sondern dass – schlagzeilenträchtig – das Gehirn entscheide. Das wurde immer wieder als eine Tatsache dargestellt, die wissenschaftlich bewiesen sei. Und oft wurde ausgeführt, dass diese Erkenntnis unser Bild vom Menschen revolutionieren würde, dass unser Rechts- und Erziehungssystem geändert werden müsse usw.

Unterschlagen wird dabei, dass es sich bei diesen Thesen um Interpretationen der Ergebnisse der Experimente handelt, bei denen verschiedene Prämissen gemacht und Begriffe in ungewöhnlicher Weise verwendet werden.

7.1 Das Determinismusargument und weitere Argumente

Viele Neurowissenschaftler und Interpreten der Experimente führen das Determinismusargument gegen die Möglichkeit der Willensfreiheit an. Walter hat weitere Argumente aufgezählt, die gegen die Freiheit sprechen könnten: Unbewusstheitsargument, Vorhersagbarkeitsargument, Urheberargument, Erstverursacherargument, Kausalitätsargument, Zeitlichkeitsargument, Mechanismusargument und Epiphänomenalismusargument.

Libet führt immer wieder das Determinismusargument an, z.B.:

> *Die tiefere Frage bleibt jedoch: Unterliegen freie Willenshandlungen makrodeterministischen Gesetzen, oder können sie ohne solche Beschränkungen auftreten, so daß sie von Naturgesetzen nicht-determiniert und ›wirklich frei‹ sind? Ich werde die Sichtweise eines Experimentalisten auf diese grundlegenden philosophischen Gegensätze darlegen.* (Libet 2004, S. 268)

Allerdings müssten für Libets Argumentation mehrere miteinander verzahnte Argumente verwendet werden. Libet kann ja nicht nachweisen, dass alle Vorgänge bei unseren Entscheidungen und Handlungen deterministisch ablaufen. Das Unbewusstheitsargument verwendet er nicht, denn er untersucht Willensentschlüsse, die vor der Bewegung bewusst werden und von denen die Probanden berichten können. Libets Hauptargument müsste das Zeitlichkeitsargument sein, denn die Handlungen werden bereits vorbereitet (durch das Bereitschaftspotenzial), bevor sie uns bewusst werden. Es geht also nicht darum, dass uns der Entschluss gar nicht bewusst wird, sondern darum, dass er uns eine Zeit lang nicht bewusst ist. Sozialpsychologische Experimente gehen da teilweise wesentlich weiter, wenn sie uns zeigen, dass uns die Beweggründe unseres Handelns oft gar nicht bewusst werden und wir erst nachträglich Gründe fabulieren. Aus dem Zeitlichkeitsargument kann dann geschlossen werden, dass wir nicht Urheber der Handlung sind, also das Urheberargument ins Spiel gebracht werden. Die Handlung wird unbewusst eingeleitet, also nicht von einem bewussten Ich. Ich bin nicht der Urheber, sondern die physiologischen Abläufe bringen die Handlungen hervor. Allerdings wäre das ohne das Zeitlichkeitsargument keine Gefährdung der Freiheit. Ich könnte der Urheber sein, und gleichzeitig könnten im Gehirn Aktivitäten meinen Entschluss begleiten und umsetzen. Das Zeitlichkeitsargument sagt aber, dass mein bewusster Entschluss erst später einsetzt, ca. 400 ms zu spät. Wenn man dann annimmt, dass die physischen Abläufe determiniert sind, was aber empirisch nicht beweisbar ist, folgt auch, dass unsere Entscheidungen determiniert sind, weil sie durch die deterministischen physischen Vorgänge hervorgerufen werden.

Das Vorhersagbarkeitsargument wird auch oft angeführt. Aber es ist kein Argument gegen die Freiheit, wenn das Verhalten einer Person vorhersehbar ist. Ein unvorhersehbares Verhalten wäre ja gerade kein Anzeichen für freie Entscheidungen. Auch das Allwissen Gottes wäre kein Argument gegen Freiheit. Wenn ich mich entschiede, und Gott wüsste zu Anfang der Schöpfung, wie ich mich in später Zukunft entscheiden würde, so richtete sich das Wissen Gottes nach meiner Entscheidung, und nicht meine Entscheidung nach Gottes Wissen. Zwar würde das Wissen Gottes meiner Entscheidung zeitlich vorausgehen, aber die Entscheidung wäre der Grund für das Wissen.

Eine weitere Rolle spielt das Epiphänomenalismusargument. Es wird von mehreren Neurowissenschaftlern angeführt. Danach ist der Epiphänomenalismus die Folge, wenn alle Entscheidungen und Handlungen nach deterministischen Gesetzen ablaufen. Libet schreibt, dass das bewusste Gefühl, den eigenen Willen auszuüben, ein Epiphänomen ohne kausale Kraft ist, falls alle Aktivitäten deterministisch ablaufen:

> Sind wir vollständig durch die deterministische Natur physikalischer Gesetze bestimmt? Ein von Gott auferlegtes unausweichliches Schicksal erzeugt ironischerweise einen ähnlichen Endeffekt. In beiden Fällen wären wir im Grunde raffinierte Automaten, wobei unsere bewußten Gefühle und Intentionen ohne kausale Kraft nur als Epiphänomene aufgesetzt wären. (Libet 2004, S. 268f)

Auch Roth und andere vertreten die Ansicht, dass der bewusste Wille ein Epiphänomen und deshalb kausal unwirksam ist. Aber an anderer Stelle sprechen sie dem bewussten Willen dann doch eine Wirksamkeit zu.

Prinz schreibt, wie weiter oben schon erwähnt, dass die bewussten Aktivitäten des „Selbst-Systems" vermutlich den Zweck haben, das Tempo der übrigen neuronalen Abläufe zu verlangsamen (s. Prinz 2004, S. 204).

Nach Singer haben bewusste Entscheidungen den evolutionären Vorteil, dass man die Gründe mitteilen kann. Man kann sich mit anderen verständigen. Unbewusste Entscheidungen dagegen können viel mehr Variablen einbeziehen und laufen oft schneller ab.

Auch Roth fragt, wie es zu dem Gefühl kommt, dass dass wir einen freien Willen haben. Er schreibt, dass wir nur Handlungsfreiheit haben, aber daraus das Gefühl eines freien Willens entwickeln. Dieses Gefühl ist für ihn illusionär, aber es bewirkt, dass wir uns verantwortlich fühlen und andere für ihr Tun verantwortlich machen.

Auch Daniel Wegner sieht den freien Willen als Illusion an und fragt, warum wir das Gefühl entwickeln, einen freien Willen zu haben: „Why, if this experience of will is not the cause of action, would we even go to the trouble of having it? What good is an epiphenomenon?" (Wegner 2018, S. 302).

Die Erfahrung bewussten Willens dient nach Wegner dazu, von uns ausgelöste Ereignisse von solchen zu unterscheiden, die wir nicht verursacht haben. „To label events as our personal actions, conscious will must be an experience that is similar to an emotion. It is a feeling of doing“ (Wegner 2018, S. 309). Denn Menschen brauchen die Orientierung, welche Handlungen von ihnen kommen und welche von anderen. Sie möchten wissen, wofür sie verantwortlich sind:

> Even if conscious will isn't an infallible sign of our own causation, it is a fairly good sign and so gives us a rough-and-ready guide to what part of experience is conjured by us and what part is bedrock reality. (Wegner 2018, S. 316)
>
> But for a significant range of everyday experiences, the feeling of will does measure and accumulate a record of the force of will. This function turns out to be vastly useful, and that might be why people feel will as they do. (Wegner 2018, S. 317)

Die Autoren geben also zu, dass die bewussten Absichten oder Entschlüsse doch kein reines Epiphänomen sind. Sie haben eine kausale Kraft, indem sie den Ablauf der mentalen Prozesse verlangsamen. Oder sie geben uns das Gefühl, der Verursacher von Handlungen zu sein und diese damit anders zu bewerten und weiterzuverfolgen. Oder sie spielen eine soziale Rolle, indem wir uns verantwortlich fühlen und andere für verantwortlich halten. Ohne bewusste Absichten oder das Gefühl des freien Willens würde unsere Welt anders aussehen.

Es ist auch schwer zu verstehen, wie der bewusste Wille im Laufe der Evolution entstanden sein könnte, wenn er keine kausale Kraft hätte.[18] Letzteres wäre vor allem unplausibel, weil bewusste Prozesse im Gehirn besonders viel Energie verbrauchen und die Evolution eigentlich einen sparsamen Umgang mit Energie anstrebt.

> Der entscheidende Punkt ist, dass wir aus Darwins Evolutionstheorie nur schließen können, dass jedes evolvierte Merkmal *entweder* dem Überleben

---

[18] Frank Jackson erwähnt im Rahmen der Qualiadiskussion den Einwand gegen dieses darwinistische Argument, dass Eisbären ein schweres Fell haben, obwohl das wegen seiner Schwere hinderlich ist, also nicht dem Überleben dient. Aber er wendet dagegen ein, dass die Schwere des Fells eine Begleiterscheinung ist. Wenn das Fell wärmen soll, muss es dicht und dick und damit schwer sein (s. Jackson 2009, S. 92f).

> dienlich *oder* eine Begleiterscheinung eines dem Überleben dienlichen Merkmals ist. Der Epiphänomenalist behauptet, dass Qualia zur zuletzt genannten Gruppe gehören. Sie sind eine Begleiterscheinung bestimmter Gehirnprozesse, die ihrerseits dem Überleben in höchstem Maße dienlich sind. (Jackson 2009, S. 93)

Der Evolutionsgedanke legt also nahe, dass bewusste Willensbildung kausal wirksam ist, oder dass das für die Gehirnprozesse gilt, die ihr zugrunde liegen.

Dass der bewusste Wille kausal wirksam sein muss, bedeutet allerdings nicht, dass der bewusste Wille genau die Funktionen hat, die ihm manche intuitiv zuschreiben. Wir werden später noch auf diese Frage zurückkommen (im Kapitel „Kompatibilistische Deutungsalternativen der Experimente").

7.2 Dualistisches Weltbild

Hinter Libets Forderung, dass das Bewusstsein vor oder gleichzeitig mit dem BP einsetzen soll, steckt ein dualistisches Weltbild. Libet fordert für einen freien Willen, dass er in die physischen Abläufe eingreifen kann, ohne selbst durch unbewusste Vorgänge im Gehirn verursacht zu sein. Pauen schreibt dazu:

> Es kommt hinzu, dass vielfach unterstellt wird, ein wirklich freier Wille setze einen immateriellen Geist voraus, der den Naturgesetzen entzogen sei, selbst aber auf materielle Prozesse einwirken könne. (Pauen 2008, S. 9)

Libet sieht wegen des zu früh einsetzenden BPs für einen freien Willen nur die Möglichkeit, dass das Bewusstsein ein Veto einlegen kann. Damit es aber ein wirkliches Veto ist, darf es selbst nicht durch unbewusste Gehirnprozesse verursacht sein. Diese dualistische Sicht motiviert Libet auch, ein bewusstes mentales Feld zu postulieren. Zu den Dualisten gehören auch Eccles und Popper, die den Einfluss des Geistes auf bestimmte neuronale Strukturen (den Pyramidalzellen im Liaisongehirn) durch Quanteneffekte für möglich halten (s. Popper und Eccles 1989).

Auch Roth, Prinz und Singer setzen voraus, dass ein freier Wille einen unbewegten Beweger voraussetzt, ein immaterielles Ich, das kausal wirksam ist, ohne selbst verursacht zu sein. Sie lehnen diese dualistische Sicht aber ab und verwerfen deshalb die Möglichkeit des freien Willens. Dass aber ein freier Wille nur in einer dualistischen Welt wirken kann, wird von ihnen nicht nachgewiesen. Sie berufen sich darauf, dass das offensichtlich ist. Aber die wenigsten Menschen, die an einen freien Willen glauben, sind Dualisten. Walter schreibt zu Singer:

> Die Vorstellung, dass Freiheit die Existenz einer immateriellen *res cogitans* erfordert, wird, nach allem, was die besten derzeit verfügbaren empirischen Studien hergeben, weder von Fachphilosophen noch von Laien in einem solchen Ausmaß akzeptiert, dass es gerechtfertigt wäre, sie zur ›evidenten‹ Charakterisierung unserer Selbsterfahrung zu erklären [...]. (Walter 2016, S. 234)

Roth, Prinz und Singer gehen aber davon aus, dass eine dualistische Sicht weit verbreitet und Voraussetzung für den Glauben an Willensfreiheit ist.

7.3 Distale versus proximale Entscheidungen

Für unsere Freiheit sind vor allem bewusste distale Entscheidungen maßgeblich. So werden in Libets Experimenten und ähnlichen Versuchen keine echten Entscheidungen getroffen. Die eigentliche Entscheidung wurde schon bei der Einwilligung in das Experiment getroffen.

Es handelt sich beim Bewegen eines Fingers nicht wirklich um eine Entscheidung und eine Handlung. Eine Handlung hat Gründe und Ziele. Sie gehört in einen Kontext. Im Aufsatz von Libet ist angedeutet, dass Entscheidungen und Überlegungen oft lange vor der eigentlichen Handlung stattfinden. Das ist bei Handlungen komplexerer Natur sicher immer der Fall. Das BP wird aber erst vor den zur Handlung gehörenden Bewegungen auftreten. Dann geht das BP nicht den Entscheidungen voraus. Es könnte natürlich sein, dass die Entscheidungen ebenfalls von unbewussten neuronalen Prozessen eingeleitet werden. Es handelt sich dann aber bei diesen Prozessen nicht um ein Bereitschaftspotential (s. Kommentare in Libet 1985 von Bruno G. Breitmeyer (S. 539f), Bruce Bridgeman (S. 540), Arthur C. Danto (S. 540f), Richard Jung (S. 544f) und Richard Latto (S. 545f)).

Ferner ist es kontraintuitiv, dass spontanes Handeln gefordert wird. Zur Freiheit gehört nicht ein Warten auf einen Drang, sondern ein Vorausplanen und ein

Handeln aus Gründen. Bei freien Entscheidungen haben wir mehrere Optionen, ein persönliches Interesse und Gründe.

> Da nicht wirklich etwas zu entscheiden ist, ist nicht klar, warum sie urplötzlich ein spontaner Drang heimsuchen sollte, den Finger zu beugen. Allerdings erwartet der Versuchsleiter offensichtlich genau das. Für die Probanden ist es das Vernünftigste, sich seiner Erwartungshaltung zu beugen und schlicht die leisesten Anzeichen von irgendwas, das ohne die vorherige Instruktion aller Wahrscheinlichkeit nach unbemerkt geblieben wäre, als ›bewusste Entscheidung‹ zu deklarieren. Freiheit ist dies ganz sicher nicht, allenfalls eine wertlose ›Freiheit der Indifferenz‹. (Walter 2016, S. 133)

Libet sagt, dass auch bei distalen Entscheidungen letztlich kurz vor der Bewegung die Entscheidung stehen muss, dieselbe auszuführen. Das ist nicht sehr überzeugend. Man könnte dazu ein Experiment entwerfen (siehe Abb. 5), von dem ich nicht weiß, wie es ausgehen würde. Und zwar soll die Versuchsperson sich zu einem selbst gewählten Zeitpunkt entscheiden, eine Taste zu drücken. Sie beobachtet dabei eine Uhr mit Sekundenzeiger. Es wird der Person aufgetragen, sich den Zeitpunkt der Entscheidung zu merken. Die Person soll dann aber exakt 60 Sekunden warten, also bis der Zeiger wieder die gleiche Position erreicht, und dann die Taste drücken. Sie soll die Entscheidung auf keinen Fall korrigieren.

Nach Libet müsste das BP dann kurz vor dem Tastendruck auftauchen. Aber das ist dann ja nicht der Zeitpunkt der Entscheidung. Diese sollte ja vor der Bewegung nicht mehr korrigiert werden. Das BP würde lange nach der Entscheidung auftreten, was Libets Ergebnisse in Frage stellen würde. Würde das BP allerdings zum Zeitpunkt der Entscheidung oder kurz davor entstehen, wäre es befremdlich, dass eine Aktivität im motorischen Cortex so lange vor der Bewegung zu beobachten wäre.

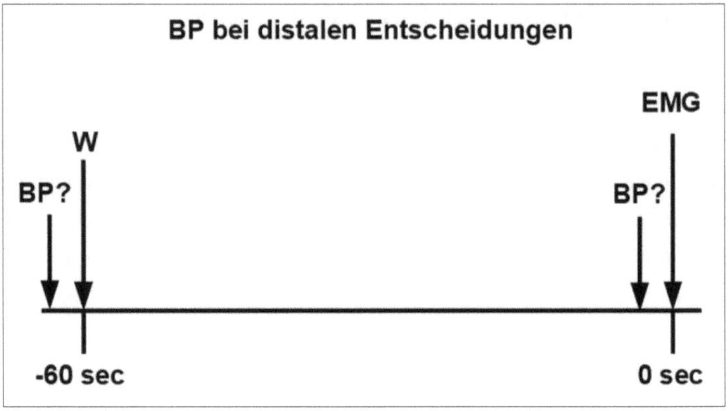

Abb. 5: Entscheidung 60 Sek. vor der Bewegung

Man könnte das Experiment noch variieren. Es könnte der Person erlaubt werden, nach 30 Sekunden nochmal zu überlegen, ob sie die Taste drücken möchte oder ob sie ein Veto einlegen und auf den geplanten Tastendruck verzichten möchte.

Diese abgewandelten Experimente könnte man auch mit der Entscheidung zwischen zwei Tasten verbinden. Dabei soll die Person nach einem Signal entscheiden, ob sie von zwei Tasten die linke oder die rechte drücken will. Sie wartet dann 60 Sekunden und führt ihre Entscheidung aus. Es wäre überraschend, wenn 60 Sekunden vor der Bewegung eine Vorhersage aufgrund des symmetrischen oder des lateralisierten Bereitschaftspotenzials möglich wäre.

7.4 Gibt es den Willensimpuls?

Es ist fraglich, ob das Bild des Willensimpulses unsere alltäglichen Entscheidungen und Handlungen richtig beschreibt. Wittgenstein hat dieses Bild kritisiert. Es muss nicht den Augenblick geben, in dem ich mich entscheide, etwas zu tun. So sieht man, dass ich etwas willentlich tue, daran, dass ich es mit Aufmerksamkeit mache, dass ich mich konzentriere, dass ich das Ergebnis betrachte und meine Arbeit eventuell korrigiere. Oft tun wir etwas gewohnheitsmäßig. Das ist aber nicht unfrei. Und bei Handlungen, die sich über einen längeren Zeitraum hinziehen, gibt es nicht immer den einen Entschluss. So kann sich die Berufswahl über mehrere Jahre erstrecken. Sie kann darin bestehen, dass ich zunächst unverbindlich Praktika mache, mich beim Arbeitsamt beraten lasse, mich mit anderen darüber unterhalte. Ein freier Wille hängt also nicht von einem Willensimpuls oder einer Entscheidung ab. Dieses Bild gibt eine vereinfachte Sichtweise auf unser Handeln wieder. Danach nehmen wir etwas wahr, dann denken wir darüber nach und bilden uns eine Meinung über die Situation, danach treffen wir eine Entscheidung, um dann zu handeln. Aber diese Phasen sind in der Realität ineinander verzahnt und verwoben. In vielen Fällen bilden wir unseren Willen aus, während wir handeln. Das führt dann eventuell zu Korrekturen während der Handlung oder zu deren Abbruch.

7.5 Kategorienfehler

Wenn Roth sagt, dass das Gehirn denke oder wahrnehme, handelt es sich um einen mereologischen Fehlschluss und darüber hinaus um einen Kategorienfehler.

Der mereologische Fehlschluss wird z.B. von Hacker und Bennett ausführlich behandelt (s. Bennett und Hacker 2010c). Beim mereologischen Fehlschluss wird eine Eigenschaft, die einem Ganzen zukommen kann, einem Teil zugesprochen. So ist das Universitätsbeispiel von Ryle ein Beispiel für einen mereologischen Fehlschluss. Nachdem ein Besucher die verschiedenen Gebäude der Universität gesehen hat, fragt er, wo denn nun die Universität sei. Wenn man die Universität als Summe aller Gebäude ansieht, so handelt es sich um einen mereologischen Fehlschluss. Allerdings geht der Fehler weiter. Denn die Universität ist nicht nur eine Menge von Gebäuden, sondern eine Institution mit Beschäftigten, Studierenden, Fakultäten, Regeln, Veranstaltungen usw. Es ist deshalb darüber hinaus ein Kategorienfehler, den Begriff der Universität auf die einzelnen Gebäude anzuwenden.

Ein ähnlicher Kategorienfehler liegt vor, wenn man sagt, dass das Gehirn entscheidet, denkt, empfindet, Bewusstsein hat usw. Das Gehirn ist zum einen ein Teil des Menschen. Aber es wäre auch unsinnig, diese psychologischen Prädikate auf den ganzen Körper anzuwenden. Der Körper entscheidet nicht und er denkt nicht. Es ist der Mensch, der entscheidet und handelt. Ein Körper kann sich bewegen, aber er kann nicht handeln.

Allerdings sollte der Vorwurf des Kategorienfehlers relativiert werden. Man kann einen Begriff metaphorisch verwenden. Die Verwendung muss dann nicht falsch sein. Zweitens ist es üblich, psychologische und mentale Begriffe auf andere Bereiche zu übertragen. So ist es durchaus sinnvoll, davon zu sprechen, dass ein Computer eine Berechnung durchführt. Wenn man es genau nimmt, kann ein Computer nicht rechnen, denn das Rechnen ist ein mentaler Vorgang. Ein Computer kann nur Bits und Bytes manipulieren. Die Manipulationen werden von uns so programmiert, dass man sie als Berechnungen *interpretieren* kann. Es ist aber durchaus sinnvoll, dem Computer Berechnungen, Entscheidungen, die Suche nach Lösungen usw. zuzuschreiben. Denn ansonsten müssten wir seine Arbeit auf der Ebene der Bits und Bytes oder sogar auf der Ebene der Transistoren und Ladungen beschreiben, was extrem mühselig wäre. Und wenn man jede Form der Abstrahierung vermeiden wollte, müsste man auch die Manipulation von Bits auf die Bewegung von Elektronen in Halbleitern herunterbrechen, was gänzlich kontraproduktiv wäre.[19]

Roth, Prinz und Singer verwenden die Begriffe aber nicht in der so beschriebenen Weise. Sie betonen ja, dass das *Gehirn* entscheidet, und *nicht der Mensch*. Wenn der Begriff der Entscheidung so gebraucht wird, handelt es sich tatsächlich um einen Kategorienfehler, weil ein mentaler Begriff auf einen Teil des Körpers angewendet wird. Und es wird darüber hinaus behauptet, dass der Begriff in dem Gebiet, aus dem er eigentlich stammt, nicht anwendbar ist. Das ist so, als würde man behaupten, dass nur ein Computer rechnen kann, der Mensch aber nicht.

Walter schreibt, dass die Redeweise zumindest befremdlich ist:

> Mumpitz. Auch wenn die Rede vom Gehirn als Entscheidungsträger streng genommen kein Kategorienfehler sein mag, wüsste man dennoch gerne, warum wir unserer Alltagssprache derart Gewalt antun sollten. (Walter 2016, S. 263)

Ferner stellt sich die Frage, warum nur im Fall von Entscheidungen das Gehirn als eigentlicher Akteur betrachtet wird. Auch alle anderen Handlungen müssten

[19] Bennett und Hacker versuchen z.B. eine „saubere" Beschreibung der Resultate der Kommissurotomie und des Blindsehens, die ohne problematische Verwendung mentaler Begriffe auskommt. Es zeigt sich, dass die Beschreibung zumindest langatmig und weniger verständlich und anschaulich ist (s. Bennett und Hacker 2010c, S. 527ff).

dem Gehirn zugeschrieben werden. Dann lerne nicht ich, sondern mein Gehirn. Nicht ich kann Auto fahren, sondern mein Gehirn. Nicht ich kann Gitarre spielen oder Englisch verstehen, sondern mein Gehirn. Wenn eingewandt wird, dass Entscheidungen rein mentale Prozesse sind, während zum Autofahren oder Gitarrespielen körperliche Bewegungen gehören, so ist das nicht ganz überzeugend. Auch Entscheidungen können körperliche Handlungen einschließen, z.B. die schriftliche Aufzeichnung von Planungsschritten, die Unterredung und Beratung mit anderen, erste Versuche einer Umsetzung, Ausfüllen von Formularen, Kauf von Literatur zur Vorbereitung usw.

7.6 Introspektion

Benjamin Libet verlässt sich bei der Zeitangabe auf Introspektion. Die Person fühlt, wann sie den Willensimpuls empfindet. Dabei wird ein privilegierter Zugang der Person zu den eigenen Zuständen vorausgesetzt. Die Wahrnehmung der eigenen Zustände ist danach unfehlbar. Es wurde aber in vielen Versuchen gezeigt, dass eine Person oftmals über die eigenen mentalen Vorgänge schlechter informiert ist als Beobachter aus der Dritte-Person-Perspektive (s. Walter 2016, S. 318).

Wie Wittgenstein dargelegt hat, geht man dabei von dem falschen Bild aus, dass es innere Vorgänge gibt, die wir beobachten und die von anderen nicht wahrgenommen werden können, sondern auf die von ihnen nur aus unserem Verhalten geschlossen werden kann (s. Wittgenstein 1971). Aber wenn wir von inneren Zuständen berichten, so handelt es sich nach Wittgenstein nicht um die Beschreibung von etwas, was wir beobachten, sondern um ein Verhalten, dass wir zeigen. Wir berichten z.B. nicht von einem Schmerz, den wir beobachten, sondern wir haben Schmerzen, und wenn wir das sagen, so ist das ein Verhalten, das diese Schmerzen zum Ausdruck bringt.

8 Kompatibilistische Deutungsalternativen der Experimente

8.1 Fähigkeit zur Antizipation – Das Argument alternativer Möglichkeiten

Das Argument alternativer Möglichkeiten besagt, dass es in einer deterministischen Welt keine Handlungsalternativen gibt. Diese sind aber nötig, damit eine Handlung als frei angesehen werden kann. Also ist freies Handeln unmöglich. Menschen sind somit in ihrem Handeln und in ihren Entscheidungen unfrei.

Ein Ausweg, der von einigen Kompatibilisten beschritten wurde, ist es, Freiheit als Handlungsfreiheit zu beschreiben. Dann ist ein Mensch frei, wenn er tun kann, was er will. Unfrei ist er, wenn er unter äußerem oder auch innerem Zwang auf eine Weise handeln muss, die seinen Intentionen widerspricht. So wäre ein Süchtiger frei, solange er mit seiner Sucht einverstanden ist. Er würde die Sucht erst als Einschränkung der eigenen Freiheit ansehen, wenn sie ihn an einem Leben hindert, das er sich eigentlich wünscht.

Der Mensch hat nach diesem Verständnis keine Willensfreiheit. Was er will, ist determiniert. Wie er handelt, ist auch determiniert. Freiheit besteht dann nur in der Übereinstimmung von Wille und Handlungsmöglichkeit.

Es gibt also zwei Interpretationen der alternativen Handlungsmöglichkeiten. Die eine verlangt, dass eine Person unter den exakt gleichen Umständen unterschiedlich handeln könnte. Sie ist dann nicht durch die Umstände und entstehende Motive festgelegt, sondern besitzt eine Akteurskausalität, die von ihr ausgeht. Die andere Interpretation verlangt nur, dass bei unterschiedlichem Willen andere Entscheidungen und Handlungen möglich sind. Hätte die Person etwas anderes gewollt, hätte sie auch anders gehandelt. Das ist die Interpretation der konditionalen Analyse.

Die erste Interpretation ist problematisch, weil sie auf ein zufälliges und willkürliches Handeln hinausläuft. Wenn eine Person, die an der nicht besetzten Supermarktkasse längere Zeit wartet, einmal die Ware unbezahlt mitnimmt, aber zu einem anderen Zeitpunkt die Ware an der Kasse liegen lässt, so geschieht das anscheinend ohne erkennbaren Grund. Wenn die Person dagegen mal die Ware stehen lässt, mal in die Regale zurückstellt, aber genauso gut nach dem Geschäftsführer fragen könnte, so handelt es sich nur um unwesentliche Variationen ein und desselben Verhaltens, nämlich die Ware nicht unbezahlt mitzunehmen.

Ferner ist eine Möglichkeit alternativen Handelns unter exakt gleichen Umständen nicht überprüfbar. Roth schreibt „[…] denn die Wiederholung identischer physikalisch-physiologischer Bedingungen sei prinzipiell ausgeschlossen; jede Wiederholung verändere nämlich unwiderruflich die Ausgangsbedingungen („man kann nicht zweimal in denselben Fluss steigen!")" (Roth 2010, S. 148). Und selbst wenn bei einer hundertfachen Wiederholung die Umstände zur gleichen Handlung führten, so könnte das Zufall sein und bei der nächsten Wiederholung eine andere Handlung vollzogen werden.

Die konditionale Analyse liefert dagegen einen trivialen Begriff der Alternative. Es ist logisch klar, dass immer dann, wenn ich etwas will, ich es auch tue, sofern dem kein Hindernis im Weg steht (äußerer Zwang, intellektuelle oder praktische Unfähigkeit, innere Zwänge usw.). Für Wittgenstein ist es ein grammatischer Satz, dass ich das tue, was ich will. Man sieht gerade am Tun, was eine Person will.[20] Wenn eine Person etwas will, aber nichts in dieser Richtung unternimmt, dann will sie es sicherlich nicht, sondern sie hat höchstens einen Wunsch.

Als dritte Alternative bietet es sich an, dass die alternativen Möglichkeiten nicht objektiv gegeben sein müssen oder sich nur abhängig von unterschiedlich ausgebildetem Willen ergeben, sondern der Person bewusst sind und dadurch die Entscheidung mitbestimmen. Die alternativen Möglichkeiten zeigen sich in der Antizipation. Diesen Weg verfolgen Dennett, Bieri und Goschke.

8.1.1 Daniel Dennett

Die Rolle der Antizipation wird von Daniel Dennett ausgearbeitet (s. Dennett 2003 und Dennett 2015). Er ist ein naturalistischer Kompatibilist. Er erklärt menschliches Erkennen und Handeln als eine Folge der Evolution, die nach

[20] Z.B. „Was ist der natürliche Ausdruck einer Absicht? – Sieh eine Katze an, wenn sie sich an einen Vogel heranschleicht; oder ein Tier, wenn es entfliehen will" (Wittgenstein 1971, S. 261).

darwinistischen Entwicklungsgesetzen abläuft. Primitive Lebewesen auf einer niedrigen Evolutionsstufe werden zunächst allein durch ihre Gene gesteuert. Auf höheren Stufen können Lebewesen auf Wahrnehmungen reagieren. Die Möglichkeiten der Wahrnehmung werden immer differenzierter und die Reaktionsmöglichkeiten immer komplexer. Damit können die Lebewesen immer besser auf Gefahren, Nahrungsangebote oder auch auf Signale bei der Partnersuche reagieren. Hinzu kommt, dass Tiere während ihrer Lebenszeit lernen, einmal aus der Erfahrung, vor allem aber von den anderen Tieren ihrer Spezies, sofern es ein enges Zusammenleben gibt.

Bei all diesen Entwicklungen des Erkennens und der Reaktionsmöglichkeiten bleiben die Lebewesen aber doch an Vergangenheit und Gegenwart gebunden. Sie sind gewissermaßen Gefangene von Vergangenheit und Gegenwart. Die Gegenwart beherrscht sie durch die aktuellen Reize, Empfindungen und Sinneswahrnehmungen, die Vergangenheit durch die genetischen Anlagen, die Erfahrungen und das Gelernte. Erst der Mensch (und wohl einige höher entwickelte Tierarten) hat die Möglichkeit, sich durch Antizipation der Zukunft in einem gewissen Grad von der Vergangenheit und der Gegenwart zu lösen.

Dennett vertritt die Ansicht, dass dieser Sinn von Anderskönnen genau der ist, den wir im allgemeinen vor Augen haben.

> Die Verteidiger des Prinzips nehmen an, daß es einen Sinn von „hätte anders können" gibt, demzufolge niemand, wenn der Determinismus wahr ist, je anders gekonnt hätte als genauso, wie er in Wirklichkeit handelte. Angenommen, sie haben recht, und es gibt einen solchen Sinn. Ist es der Sinn, den wir meinen, wenn wir die Worte „Hätte er anders gekonnt?" verwenden, um eine Überprüfung der Verantwortlichkeit des Handelnden für eine Tat einzuleiten, die er begangen hat? Er ist es nicht. (Dennett 2015, S. 173)

Wir wünschen uns eine offene Zukunft, die wir gestalten können, eine Zukunft, die von unseren Überlegungen abhängt.

> Aber was wäre eine offene Zukunft? Eine Zukunft, in der unsere Überlegung Wirkungen hat, eine Zukunft, in der ich, wenn ich mich entscheide, *A* zu tun, *A* tun werde, und wenn ich mich entscheide, *B* zu tun, *B* tun werde; eine Zukunft, in der – da nur eine Zukunft möglich ist, – die einzige mögliche

> Sache, die passieren kann, die Sache ist, für die ich mich am Ende entscheide. (Dennett 2015, S. 177)

Eine ähnliche Auffassung vertreten einige andere Autoren ebenfalls. So schreibt Fuchs:

> Freie Entscheidungen setzen die Fähigkeit voraus, Möglichkeiten als solche zu erfassen und imaginativ vorwegzunehmen; sie bewegen sich also in einem *Möglichkeitsraum*, im Raum einer offenen Zukunft. (Fuchs 2010, S. 209)

Und Elisabeth Gräb-Schmidt schreibt im gleichen Buch: „Denn Freiheit hat als Gestaltung der Zukunft etwas Schöpferisches" (Gräb-Schmidt 2010, S. 289).

Von einigen wird die Kontrolle, die man durch Überlegung und Antizipation erlangt, mit Optimismus und Offenheit, die fehlende Kontrolle dagegen mit Pessimismus und Fatalismus in Zusammenhang gebracht. Tatsächlich erinnern manche Texte von harten Deterministen an die Schilderungen von Schizophrenen oder schwer Depressiven. Wegner schreibt, allerdings mit anderer Stoßrichtung als Dennett:

> Perceiving control is a lot like optimism in that it portends confidence and exuberance in many domains of life; little perceived control, in turn, is like pessimism in that it leads to a general underestimation of what can be done. People who don't perceive that they are controlling things in their lives often attribute events to chance, fate, or powerful others. (Wegner 2018, S. 313)

Wegner und Dennett beschreiben den Menschen naturalistisch. Aber Wegner sieht im Gegensatz zu Dennett Freiheit als Illusion an. Er hebt die Möglichkeit hervor, dass der Mensch sich täuschen kann: „Perceived control can depart from actual control significantly and repeatedly in life, and the consequences of this variation are not trivial" (Wegner 2010, S. 315).

8.1.2 Peter Bieri

Auch Peter Bieri sieht in der Überlegung und der Antizipation den zentralen Faktor in der Willensfreiheit.

> Wenn wir uns in einer substantiellen Entscheidung um unseren Willen kümmern, muß die Phantasie noch eine andere Dimension haben: Wir müssen uns

> vorstellen können, wie es uns in verschiedenen Situationen, die wir uns ausmalen, mit unseren Wünschen ergehen würde. (Bieri 2005, S. 65f)

Und er benutzt ebenfalls den Begriff der Offenheit der Zukunft: „Es gehört zur Erfahrung des Entscheidens, daß wir die Zukunft unseres Wollens und Tuns als offen erleben" (Bieri 2005, S. 73).

Bieri betont, dass Handlungsfreiheit nicht die Freiheit ist, die wir uns wünschen sollten. Die Freiheit, etwas anderes tun zu können, wenn wir durch die Umstände einen anderen Willen hätten, ist es nicht, was wir meinen. Und dass wir unter gleichen Umständen verschiedenes entscheiden und tun können, die alternativen Möglichkeiten also objektiv vorhanden sind, widerspricht ebenfalls unserer Freiheitsintuition. Das zentrale Element unserer Freiheitsintuition liegt darin, dass die Alternativen in unserer Vorstellung existieren, dass wir überlegen, welche der Alternativen für uns die wünschenswerte ist, dass wir uns dafür entscheiden und danach handeln.

> *Die Freiheit des Willens liegt darin, daß er auf ganz bestimmte Weise bedingt ist: durch unser Denken und Urteilen.* Der triumphierende Ausruf ist deshalb so zu lesen: »Ich könnte auch etwas anderes wollen, *wenn ich anders urteilte*!« Es ist die ganz bestimmte Variation zwischen Urteil und Willen, in der die Freiheit besteht. (Bieri 2005, S. 80)

Bieri betont, dass gerade die verschiedenen Möglichkeiten in unserer Vorstellung unseren freien Willen ermöglichen, denn die vorgestellten Möglichkeiten zeigen uns Alternativen, zwischen denen wir wählen können. Objektive Möglichkeiten, von denen wir aber nichts wissen, erweitern unsere Freiheit hingegen nicht.

> Die Offenheit der Zukunft, die wir für die Freiheitserfahrung brauchen, liegt im Spiel der Einbildungskraft. Und *nur* in diesem Spiel. Nicht nur ist es falsch, daß bloß vorgestellte Möglichkeiten für die Freiheit des Willens nichts nützen. Es ist umgekehrt: *Nur* vorgestellte Möglichkeiten nützen etwas. (Bieri 2005, S. 284)

Dass man sich schließlich nur für eine Möglichkeit entscheidet und nur eine Möglichkeit realisieren kann, liegt im allgemeinen in der Absicht des Entscheidenden. Er entscheidet sich für eine Option, um genau diese zu realisieren und keine andere.

> Wir wissen nun: Die Tätigkeit, über verschiedene Möglichkeiten nachzudenken, steht weder der Logik noch der Funktion nach im Widerspruch zu der Erwartung und der Gewißheit, daß diese Tätigkeit uns am Ende auf eine einzige Möglichkeit festlegen wird. Im Gegenteil: Die Absicht, zu einer Entscheidung zu gelangen, ist exakt die Absicht, sich durch den Gedanken an vieles am Ende auf eines festzulegen. (Bieri 2005, S. 290)

Und es geht bei Unfreiheit nicht darum, nicht Beliebiges tun zu können, sondern darum, etwas bestimmtes anderes nicht tun zu können.

> Der Klang der Unbestimmtheit, den die Worte ›etwas anderes‹ mit sich führen, ist eine Falle. Sie lassen an einen Spielraum der Beliebigkeit denken, wo in Wirklichkeit eine ganz bestimmte Alternative gemeint ist: ein Wollen und Tun, das sich dem Urteil über das Richtige fügt. (Bieri 2005, S. 342)

8.1.3 Thomas Goschke

Ein weiterer Autor mit ähnlicher kompatibilistischer Stoßrichtung ist Thomas Goschke. Im Aufsatz „Der bedingte Wille. Willensfreiheit und Selbststeuerung aus der Sicht der kognitiven Neurowissenschaft“ (s. Goschke 2006) ist sein Ansatzpunkt der Unterschied zwischen willentlichen Handlungen (zum Beispiel einem absichtlichen Augenzwinkern) und Reflexen (zum Beispiel einem unwillkürlichen Blinzeln in Reaktion auf einen Luftstoß aufs Auge).

Wie Bieri zeigt Goschke, dass ein unbedingter Wille „eine begrifflich inkohärente und empirisch unhaltbare Konzeption“ (Goschke 2006, S. 107) ist. Er kommt ebenfalls zu dem Ergebnis, „dass eine unbedingte Willensfreiheit – gäbe es sie – darauf hinaus laufen würde, dass unsere Handlungen *zufällige* Ereignisse wären, die in keinem Zusammenhang mit uns als handelnden Personen stünden“ (Goschke 2006, S. 108). Er vertritt eine Konzeption, mit der Willensfreiheit plausibel gemacht und die dem Unterschied von willentlichen und nicht willentlichen Handlungen gerecht wird:

> Nach dieser Konzeption lassen sich *Freiheitsgrade* bei der Verhaltenssteuerung in Abhängigkeit davon unterscheiden, ob Lebewesen über bestimmte *kognitive Kompetenzen* verfügen. Von zentraler Bedeutung für willentliches Handeln ist dabei die Fähigkeit, zukünftige Effekte und Folgen des eigenen Verhaltens *antizipieren* und Verhalten aufgrund *mental repräsentierter Ziele*

> auswählen zu können. Die zentrale These dieses Beitrags lautet also, dass Willenshandlungen nicht *undeterminiert*, sondern *auf besondere Weise* determiniert sind. (Goschke 2006, S. 108)

Goschke sucht den Unterschied von willentlichen und nicht willentlichen Handlungen in der Art, wie sie neuronal zustande kommen.

> Während Reflexe in starrer Weise durch spezifische, aktuell vorhandene Reize ausgelöst werden und über relativ fixe neuronale Verschaltungen vermittelt werden, beruhen Willenshandlungen auf inneren Repräsentationen der *zukünftigen Effekte und Ziele* des eigenen Verhaltens sowie auf Bewertungen dieser Zielzustände im Lichte von Überzeugungen, Präferenzen, Wünschen und Motiven. Dass Zielrepräsentationen, Bewertungen und Antizipationen letztlich auf kausal determinierten Gehirnprozessen beruhen mögen, ändert nichts daran, dass die Fähigkeit, Verhalten an antizipierten zukünftigen Zuständen auszurichten im Vergleich zu Reflexen zu einem immensen Zuwachs an Flexibilität und Freiheitsgraden bei der Handlungssteuerung geführt hat. (Goschke 2006, S. 115f)

Wie bei Bieri und Dennett spielt für Goschke die Fähigkeit zur Antizipation eine entscheidende Rolle für die Willensfreiheit. Beim Menschen geht die Fähigkeit zur Antizipation extrem weit und führt zur explosionsartigen Ausweitung der Freiheitsgrade des Verhaltens, z.B. Ausweitung des Zeithorizonts. Wir können sogar Änderungen der eigenen zukünftigen Bedürfnislage antizipieren.

Goschke nennt als Merkmale für den hohen Grad an Autonomie in menschlichen Handlungen: Flexibilität und Reizentbundenheit (weitgehende Unabhängigkeit von Reizen), Unterdrückung von Automatismen und Gewohnheiten, Impulsunterdrückung und Selbstkontrolle (für langfristige Ziele werden Impulse und Emotionen kontrolliert) und Selbstreflexion und metakognitive Selbststeuerung (zur Selbstkontrolle gehört die Fähigkeit, seine künftigen Motivationen zu antizipieren und dafür zu sorgen, dass langfristige Ziele nicht gefährdet werden).

Für Goschke steht Willensfreiheit nicht nur nicht im Widerspruch zum Determinismus. Der Determinismus ist sogar Voraussetzung für willentliches Handeln:

> Tatsächlich verhält es sich umgekehrt: Wären die Ereignisse in der Welt (inklusive der Effekte, die unsere Handlungen in dieser Welt haben) *nicht* kausal determiniert, hätten sich weder die Fähigkeit zur Antizipation zukünftiger Handlungseffekte noch das zielgerichtete Handeln jemals entwickeln können. Insofern steht der Determinismus nicht im Widerspruch zum willentlichen Handeln, sondern ist eine *Bedingung seiner Möglichkeit*. (Goschke 2006, S. 127)

Goschke postuliert die speziellen Fähigkeiten wie Selbstkontrolle und Antizipation nicht nur, er beschäftigt sich mit der Frage nach der neuronalen Realisierung. Ein Kandidat für ein Zentrum von willentlichen Handlungen ist der präfrontale Kortex. Er hat verschiedene Teile (z.B. dorsolateraler, ventrolateraler, ventromedialer, orbitofrontaler, anteriorer zingulärer Kortex). Vor allem ist er massiv mit anderen Hirnregionen vernetzt. Es gibt Verbindungen zu parietalen und temporalen Assoziationsfeldern (sensorische Informationen, Aufmerksamkeits- und Gedächtnisprozesse), zu subkortikalen Regionen wie Basalganglien (Bewegungssteuerung, motivationale Prozesse), zu der Amygdala (emotionale Bewertung von Reizen), zum Hippocampus (deklaratives Gedächtnis), zu Kernen des Stammhirns (Regulation von Körpervorgängen, Erregungsniveau), zum Thalamus und zum Kleinhirn. Der präfrontale Kortex hat Verbindungen zu Hirnregionen, in denen sensorische, motorische, emotionale und Gedächtnisinformationen repräsentiert werden.

Es spricht vieles dafür, dass der präfrontale Kortex eine wichtige Rolle bei der willentlichen Handlungssteuerung spielt.

> Insbesondere werden präfrontale Regionen mit so genannten *exekutiven Funktionen* in Verbindung gebracht, die nicht die Reizwahrnehmung oder Bewegungssteuerung im engeren Sinn betreffen, sondern die Koordination sensorischer, kognitiver und motorischer Prozesse im Sinne übergeordneter Ziele und die Unterdrückung starker, aber inadäquater Reaktionen. (Goschke 2006, S. 130)

Es sind verschiedene Leistungen des präfrontalen Kortex gefunden worden:

1. Kognitive Flexibilität und intentionale Umkonfigurierung von Reaktionsdispositionen: Verletzungen des Frontalhirns betreffen meist nicht sensorische Funktionen und die Ausführung von Routinehandlungen, sondern die Fähigkeit, Verhalten in flexibler Weise an wechselnde Ziele, Anforderungen und Kontexte anzupassen.

2. Reizunabhängigkeit: Aktive Aufrechterhaltung und Abschirmung von Ziel- und Kontextrepräsentationen. Der präfrontale Kortex kann Ziele gegen Ablenkungen abschirmen.
3. Planen und Koordination multipler Ziele: Zu den Aufgaben des präfrontalen Kortex gehört die Handlungsplanung (geistiges Durchspielen von Handlungssequenzen vor der Ausführung). Der anteriore präfrontale Kortex ist anscheinend fähig, hierarchische Mittel-Ziel-Repräsentationen aufzubauen, um komplexe Aufgaben und Teilaufgaben zu lösen.
4. Unterdrückung automatisierter Reaktionen: Präfrontale Hirnregionen sind auch an der Unterdrückung automatisierter Reaktionen beteiligt. Beim Farbbenennungstest von Stroop[21] waren Bereiche im lateralen präfrontalen Kortex und im anterioren zingulären Kortex aktiv.
5. Unterdrückung emotionaler Impulse und Belohnungsaufschub: „Neuere Bildgebungsstudien sprechen dafür, dass die willentliche Kontrolle emotionaler Reaktionen auf der Modulation von Hirnregionen, die an emotionalen Prozessen beteiligt sind, durch präfrontale Regionen beruht“ (Goschke 2006, S. 133). Gleichzeitig werden Aktivitäten in Bereichen für emotionale Verarbeitung wie Amygdala und limbischem System reduziert. „Eine mangelnde Fähigkeit zur Inhibition spontaner emotionaler Reaktionen sollte dementsprechend zu impulsivem, primär an unmittelbaren Anreizen ausgerichtetem Verhalten und einer reduzierten Fähigkeit zum Belohnungsaufschub führen“ (Goschke 2006, S. 134).

Trotz dieser Ergebnisse sieht Goschke im präfrontalen Kortex kein alleinherrschendes Befehlszentrum, da andere Hirnregionen in großem Maße an Entscheidungen und Handlungen beteiligt sind. „Diese Überlegungen legen ein

[21] S. Goschke 2006, S. 123. Bei dem Test müssen die Farben von farbig gedruckten Farbwörtern genannt werden. Z.B. kann das Wort „GRÜN“ rot oder das Wort „ROT“ blau gedruckt sein. Der Test erfordert eine erhöhte Aufmerksamkeit und Impulskontrolle. Es erfordert Konzentration und Selbstkontrolle, wenn man z.B. bei dem grün gedruckten Wort „ROT“ nicht „rot“, sondern „grün“ sagen soll.

alternatives Modell der willentlichen Kontrolle nahe, das auf der Annahme einer Interaktion verteilter Kontrollsysteme mit jeweils komplementären Funktionen beruht“ (Goschke 2006, S. 136).

Der präfrontale Kortex hat nach Goschke nicht die Position des Befehlsgebers inne, sondern eher die eines Moderators.

> Neuronale Aktivitätsmuster im präfrontalen Kortex, die Ziele und andere Kontextinformationen repräsentieren, modulieren also gleichsam den »Wettstreit« zwischen konkurrierenden Repräsentationen in sensorischen, gedächtnisbezogenen und motorischen Systemen dahingehend, dass sich zielkonforme gegen konkurrierende Repräsentationen durchsetzen. (Goschke 2006, S. 137)

Das erklärt für Goschke auch, warum Personen mit Verletzungen des Frontalhirns oft nicht mehr in der Lage sind, Ziele zu verfolgen, störende Reize zu ignorieren, automatisierte Reaktionen zu unterdrücken und sich flexibel an geänderte Kontexte anzupassen. Ein bekanntes Beispiel ist der Fall des Phineas Gage, bei dem sich bei einem Unfall eine Eisenstange durch den frontalen Teil beider Hemisphären des Gehirns gebohrt hatte (s. Damasio 2015, S 25ff). Gage hatte sich nach kurzer Behandlung scheinbar wieder gut erholt und konnte sich klar und vernünftig ausdrücken. Aber er wurde in der Folgezeit sprunghaft, unzuverlässig und roh. Er wechselte nach dem Unfall oft seine Arbeit und seinen Wohnsitz. Es zeigte sich, dass seine emotionale Enthemmtheit und sein fehlendes Einfühlungsvermögen sich auf die Klarheit und Rationalität seiner Entscheidungen auswirkte.

Goschke geht in diesem Zusammenhang auch auf die Experimente Libets ein. Er erkennt an, dass die Experimente den Schluss nahelegen, dass bewusste Intentionen nicht die Auslöser einzelner Bewegungen sind. Das spricht aber nicht dafür, dass Absichten überhaupt keine kausale Rolle spielen. Bewusste Intentionen initiieren keine Handlungen, aber sie führen dazu, dass bestimmte Impulse und Reaktionen gedämpft oder unterdrückt, für andere dagegen eine erhöhte Bereitschaft erzeugt wird:

> Im Gegensatz zu dieser Auffassung legen die Überlegungen des letzten Abschnitts eine alternative Konzeption nahe, der zufolge bewusste Intentionen besser als *modulierende Randbedingungen* betrachtet werden sollten, die die

> Reaktionsselektion modulieren, indem sie bestimmte Reaktionsdispositionen in erhöhte Bereitschaft versetzen, zielkonforme sensorische Repräsentationen verstärken und auf diese Weise kognitive, sensorische und motorische Systeme in bestimmter Weise *konfigurieren*. Die kausale Wirkung bewusster Intentionen besteht so gesehen nicht darin, dass sie einzelne Bewegungen »anstoßen«, sondern dass sie die Bereitschaft modulieren, mit der bestimmte Handlungen in Reaktion auf bestimmte Reize aktiviert werden. (Goschke 2006, S. 140)

Entsprechend haben die Probanden in Libets Experiment die eigentliche Entscheidung getroffen, als sie der Teilnahme zugestimmt haben. Damit haben sie sich nach Goschke in die Bereitschaft versetzt, zu zufälligen Zeitpunkten den Finger zu bewegen. So ist auch bei alltäglichen Handlungen nicht für jede einzelne Bewegung ein Willensakt nötig. Wenn wir mit dem Auto zur Arbeit fahren, ist das beabsichtigt. Aber die meisten Bewegungen beim Autofahren sind automatisiert. Und wir selektieren die Reize, die wir auf uns einwirken lassen. Z.B. haben wir durch Schulung und Erfahrung gelernt, mit erhöhter Aufmerksamkeit die Fahrbahn vor uns zu beobachten, während wir störende Reize in der Umgebung ausblenden oder nur kurz und nebenbei beachten. Für diese Rolle bewusster Absichten gibt es auch experimentelle Befunde:

> Dass bewusste Intentionen die unbewusste Reaktionsaktivierung modulieren, wurde inzwischen in mehreren Experimenten gezeigt, in denen Reaktionen, die auf bewusst verarbeiteten Instruktionen beruhen (zum Beispiel beim Erscheinen eines bestimmten Reizes eine bestimmte Taste zu drücken), auch dann durch die in der Instruktion spezifizierten Auslösereize aktiviert wurden, wenn diese Reize so kurzzeitig dargeboten wurden, dass sie bewusst nicht wahrgenommen wurden. (Goschke 2006, S. 141)

Es soll hier betont werden, dass Steuerung und Kontrolle der verschiedenen Impulse und Vorstellungen keinesfalls ein rein geistiges Selbst erfordert, das von außen in die Prozesse des Gehirns eingreift. Wenn wir in der Lage sind, unser Verhalten in gewissem Umfang zu steuern, so gibt es dafür ganz natürliche Ursachen. Für die beschriebene Selbststeuerung sind sicherlich erbliche Anlagen eine Voraussetzung, ferner unsere Erziehung, unsere Sozialisation, die gesamte

Umgebung. So lernen wir z.B. in der Schule, uns auf unsere Arbeit zu konzentrieren, uns nicht ablenken zu lassen. Wir werden immer wieder darauf hingewiesen, welche Aufgabe ansteht, was gerade wichtig ist, welche Tätigkeiten Vorrang haben. Es handelt sich um Fähigkeiten, die Ursachen haben, aber nichtsdestotrotz unsere Freiheitsgrade vergrößern können.

8.2 Vorschlag eines Freiheitsbegriffs im Anschluss an kompatibilistische Theorien

Aus der Auswahl der Autoren wird sicherlich klar, dass ich selbst zu einer kompatibilistischen Sicht tendiere. Zunächst wurden die minimalistischen Freiheitsbegriffe von Walter und Pauen angeführt. Walter benutzt den Begriff der reflektierten normativen Willensbildung, Pauen den der Selbstbestimmung, der Autonomie und Urheberschaft umfasst.

Bei beiden Begriffen ist ein zentraler Aspekt, dass die Person ihren Willen nach ihren Wünschen, Präferenzen und Wertvorstellungen ausbildet. Als ein Problem bei diesen Freiheitsbegriffen stellte sich heraus, dass eine stark manipulierte Person als frei angesehen werden muss, weil sie ihren Willen entsprechend ihrer Präferenzen ausbildet. So müsste man eine Person, die in einer Sekte in ihrer Persönlichkeit stark verändert wird und zu extremen Ansichten neigt, als frei ansehen, weil sie jetzt ihren veränderten Präferenzen entsprechend entscheidet und handelt.

Bei Dennett, Bieri und Goschke ist ein zentrales Element der Willensfreiheit die Fähigkeit zur Antizipation. Menschen sind in der Lage, ihre Entscheidungen und Handlungen in Hinblick auf zukünftige Zustände auszurichten. Menschen haben damit eine Fähigkeit, die man als Zukunftsoffenheit bezeichnen kann. Sie richten sich nicht nur nach den Reizen und Wahrnehmungen der Gegenwart, sondern auch nach den Vorstellungen, die sie sich von den Wirkungen und Folgen in der Zukunft machen. Ein evolutionärer Vorteil dieser Fähigkeit ist die große Flexibilität, mit der sich der Mensch auf die Umwelt und sich ändernde Kontexte einstellen kann.

Aus diesen Gründen sehe ich als wichtige Eigenschaft der Freiheit Offenheit und Flexibilität an. Diese Eigenschaften setzen bewusste Absicht und bewusstes Abwägen voraus. Freie Willensbildung möchte ich deshalb beschreiben als *autonomen Willen, der mit Rücksicht auf eigene Präferenzen und in Antizipation der Zukunft bewusst gebildet wird.*

Diese Definition soll mehrere Aspekte einschließen. Autonomie bedeutet Freiheit von äußerem oder innerem Zwang. Die Übereinstimmung mit den eigenen Präferenzen bedeutet, dass die Willensbildung der eigenen Persönlichkeit entspricht und nicht zufällig ist. Die Antizipation der Zukunft bedeutet dagegen eine Zukunftsoffenheit. Ein Wille, der in der Antizipation zukünftigen Geschehens gebildet wird, kann den eigenen Präferenzen widersprechen. Ich kann z.B. einsehen, dass die Verfolgung meiner augenblicklichen Wünsche mir in der Zukunft schaden kann. Meine Willensbildung kann sich infolge so entwickeln, dass sie meinen aktuellen Präferenzen teilweise widerspricht. Somit können die Präferenzen und die Antizipation in einem gewissen Widerspruch zueinander stehen, der von der Person aufgelöst werden muss. Dass der Wille bewusst entsteht, bedeutet, dass er auf Überlegung beruht oder auf Prozessen, die Aufmerksamkeit erfordern. Und der Wille wird gebildet. Das bedeutet, dass die Person an ihrem Willen arbeitet, dass sie sich mit den Inhalten beschäftigt.

Diese Definition soll die beiden wichtigsten Aspekte der Willensfreiheit einschließen: die Urheberschaft und das Prinzip der alternativen Möglichkeiten. Die beiden Aspekte können zeitlich interpretiert werden. Die Urheberschaft erfordert, dass der Handelnde sich als Akteur erlebt. Und das erfordert, dass er sich mit dem Handeln identifizieren kann, dass seine Entscheidungen seinen Präferenzen und Wünschen entsprechen. Das wiederum bedeutet, dass die Handlung zur Persönlichkeit und damit zur Geschichte und Entwicklung der Person passt. Die Urheberschaft stellt somit einen Bezug zur Vergangenheit her. Die Antizipation bezieht sich dagegen auf die Zukunft. Sie erfordert Offenheit für die Zukunft, Flexibilität, Phantasie.

Diese beiden Aspekte stehen damit in einem gewissen Gegensatz zueinander. So ist eine Person, die von einer Sekte beeinflusst wird, eventuell so stark manipuliert, dass die aufgezwungenen Überzeugungen zu einem Teil der Persönlichkeit werden. Die Person hat kaum Alternativen für ihr Handeln, da sie nach den Regeln der Sekte entscheiden muss. Wenn dagegen eine Person eine kaum entwickelte Persönlichkeit hat, also keine dezidierten Präferenzen, Wünsche und Werte, dann werden die Ideen und Impulse dominant, die zufällig auftreten oder von anderen aufgedrängt werden. Die Person hat alternative Möglichkeiten, aber es fehlt die Festigkeit der Persönlichkeit, so dass man nicht mehr von einer originären Urheberschaft sprechen kann.

Ich interpretiere also Urheberschaft als *vergangenheitsbezogene* Verankerung der Entscheidungen und Handlungen in der Persönlichkeit und die alternativen Möglichkeiten als Inhalte einer *zukunftsorientierten* Vorstellungskraft. Da beides in einem Gegensatz zueinander stehen kann, ist eine Vermittlung nötig, ein bewusstes Überlegen und Abwägen. Das bewusste Überlegen und Entscheiden ist ein Aspekt, der sich auf die *Gegenwart* bezieht. Die bewussten mentalen Aktivitäten sind nötig, um ein Abwägen von Präferenzen und Antizipationen vorzunehmen. Willensfreiheit besteht dann in der bewussten Bildung des Willens aufgrund der entwickelten Persönlichkeit in Antizipation der Zukunft. Dieser Ausgleich entgegengesetzter Aspekte ist nicht immer leicht zu bewerten. Es gibt keine definierten Maßstäbe der Bewertung. Die Bewertung ist gerade eine der Aufgaben bei der Willensbildung.

Dass die Bewertung der Willensfreiheit schwierig ist, sagt auch Bieri. Er stellt die Frage: „*Was ist der Unterschied zwischen einem im Austausch mit anderen entwickelten und durch sie veränderten selbständigen Willen und einem von den anderen bloß übernommenen, durch sie manipulierten Willen?*“ (Bieri 2006, S. 419). Er gibt drei Bedingungen an, von denen er aber sagt, dass sie noch nicht ganz überzeugen: Vollständige bewusste Übersicht über die Beeinflussungen, die Möglichkeit, die Beeinflussungen jederzeit abbrechen zu können, und die Fähigkeit, uns gegen jede erklärte Absicht, unseren Willen zu beeinflussen, wehren zu können. Bieri wendet aber selber ein, dass wir nicht alle Beeinflussungen überblicken können. Ferner ist es nicht realistisch, dass wir die Beeinflussungen beenden können, und es gibt Beeinflussungen, die wir sogar wünschen und die wir nicht als Gefährdung ansehen.

Willensfreiheit ist damit auch immer graduell, wie auch Walter und Pauen schon betont haben. Die Präferenzen und Wertvorstellungen können unterschiedlich stark ausgebildet sein. Das gleiche gilt für die Fähigkeit zur Antizipation, für Vorstellungskraft und Phantasie. Und genauso ist die Urteilsfähigkeit unterschiedlich entwickelt. Willensfreiheit ist kein übernatürliches Phänomen, das in unsere Welt einbricht, sondern eine Fähigkeit, und Fähigkeiten können in unterschiedlichem Grad ausgebildet sein.

Auch Walter betont, dass Freiheit ein graduelles Phänomen ist. Sie ist eine Fähigkeit, die mehr oder weniger ausgeprägt ist, nicht nur bei verschiedenen Personen, sondern auch bei einer Person zu verschiedenen Zeiten und Anlässen.

> In der philosophischen Freiheitsdebatte wird zuweilen suggeriert, man könne ebenso wenig mehr oder weniger frei sein wie mehr oder weniger schwanger oder mehr oder weniger tot. (Walter 2016, S. 359)
>
> Wenn Freiheit tatsächlich an Fähigkeiten dieser Art gebunden ist, dann wird zum anderen ersichtlich, warum man der Meinung sein kann, dass es sich dabei nicht um ein Phänomen handelt, das uns entweder immer und uneingeschränkt zukommt oder uns immer und uneingeschränkt nicht zukommt, sondern um ein *graduelles Phänomen.* (Walter 2016, S. 360)

Walter sieht Freiheit als eine Fähigkeit an, die, wie jede andere Fähigkeit auch, mehr oder weniger gut entwickelt ist.

> Wir können ebenso mehr oder weniger frei sein, wie wir mehr oder weniger gute Violinisten, Tänzer oder Köche sein können, abhängig davon, wie stark unsere freiheitsrelevanten Fähigkeiten ausgeprägt sind und ob oder in welchem Maß wir sie in der gegebenen Situation ausüben können. (Walter 2016, S. 362)

Pauen gibt Wegner darin recht, dass wir nur von einem bewussten Willen sprechen können, wenn wir einen bewussten Zugang zu den wirksamen Handlungsgründen haben. Aber das heißt nicht, dass wir uns niemals irren dürften. Vor allem nicht in den ungewöhnlichen Fällen, die Wegner beschreibt. Pauen weist übertriebene Anforderungen zurück:

> Diese Voraussetzungen erscheinen mir jedoch aus den bereits genannten Gründen unzulässig: Natürlich ist es nicht notwendig, dass ich mir aller

meiner Motive bewusst bin, es ist nur erforderlich, dass es wirklich *meine* Motive sind. (Pauen 2008, S. 220)

Zur Illustration für die hier gegebene Definition möchte ich nochmal auf religiöse Einstellungen eingehen, weil es dabei bei vielen Menschen um eine tief verankerte Orientierung für die Lebensweise und das Handeln geht.

Der katholische Theologe Hans Küng sei hier als Beispiel erwähnt. In seinem Buch „Christentum und Weltreligionen. Hinführung zum Dialog mit Islam, Hinduismus und Buddhismus" schreiben Experten über die verschiedenen Weltreligionen. Hans Küng vergleicht die Ansichten, Glaubenssätze und Praktiken der verschiedenen Religionen mit denen des Christentums. Er steht auf dem Boden des christlichen Glaubens, aber er sucht nach Gemeinsamkeiten von Christentum und anderen Religionen. Er ist dabei offen für die Ansichten der anderen Religionen und erwägt, was ein Christ in sein Leben übernehmen kann, z.B. östliche Meditationspraktiken zur Vertiefung des Glaubens und der inneren Erfahrung. Auf der anderen Seite weist Küng auch auf die Gefahren und Probleme bestimmter Ansichten hin. Beispielsweise wird in einem Kapitel über den Buddhismus von Heinz Bechert der Shaktische Tantrismus behandelt. Diese Richtung stößt bei Küng auf entschiedene Ablehnung. Er sieht keine Anschlussfähigkeit dieser Spielart des Buddhismus an das Christentum und weist darauf hin, dass das Aufkommen des Shaktischen Tantrismus nicht ohne Grund gerade in die Zeit des Niedergangs des Buddhismus gefallen ist.

Als weiteres Beispiel sollen zwei Zitate des 14. Dalai Lama wiedergegeben werden. Er schreibt in „Die Welt in einem einzigen Atom":

> Wenn es darum geht, eine Behauptung für richtig zu erklären, misst der Buddhismus der Erfahrung den größten Wert bei, dann folgt die Vernunft und zuletzt erst die Autorität der Schriften. Die großen Meister der Nalanda-Schule des indischen Buddhismus, aus der sich der tibetische Buddhismus entwickelt hat, hielten sich nur an Buddhas eigenen Rat, als sie seine Lehren einer strengen und kritischen Prüfung unterzogen. (Dalai Lama 2011, S. 30)
>
> Die grundsätzliche Haltung, die von Buddhismus und Wissenschaft geteilt wird, ist also das Engagement für die Wahrheitssuche auf empirischer Grundlage und die Bereitschaft, sich von lange gehegten, allgemein

> anerkannten Ansichten zu trennen, wenn wir auf unserer Suche herausfinden, dass die Wahrheit eine andere ist. (Dalai Lama 2011, S. 31)

Der Dalai Lama ist ein prominenter Vertreter des tibetischen Buddhismus, und zwar der Gelug-Schule, einer der vier tibetischen Schulen, auch als Gelbmützen-Schule bezeichnet. Er ist bekannt dafür, dass er offen für andere Glaubensrichtungen ist und den Austausch mit Vertretern anderer Religionen sucht. Er ist genauso offen für die Wissenschaften. Er geht sogar soweit, dass er die Autorität der buddhistischen Schriften relativiert. Viele Vertreter von Religionen legen nahe, dass die religiösen Aussagen der eigenen Schriften schon irgendwie mit den Ergebnissen der modernen Wissenschaft übereinstimmen oder dass sich die Themen der Wissenschaften und der Überlieferung nicht wirklich überschneiden. Der Dalai Lama hingegen gibt im Konfliktfall der Erfahrung und der Vernunft und damit den modernen Wissenschaften den Vorrang. In dem Fall, dass wissenschaftliche Erkenntnisse den Schriften widersprechen, ist er bereit, der Wissenschaft den höheren Wahrheitsgehalt zuzusprechen. So sieht er z.B. die Notwendigkeit, frühere buddhistische Theorien zur Atomlehre und zur Kosmologie zu korrigieren. Er hat auch angeordnet, dass in den Klöstern und Schulen neben den überlieferten Schriften moderne Physik, Biologie und Mathematik unterrichtet werden sollen.

Auf der anderen Seite ist er überzeugt, dass im Buddhismus Themen behandelt werden, die in den Naturwissenschaften nicht in angemessener Weise erforscht werden können, z.B. Bewusstsein, Mitgefühl, ethisches Verhalten, die Entstehung von fühlenden Wesen, also vor allem den Phänomenen, die sich aus der Erste-Person-Perspektive erschließen lassen. Aber auch für diese Phänomene gilt, dass Erfahrung und Vernunft für die Erkenntnis maßgeblich sind. Bei der Erfahrung handelt es sich dann um Introspektion, vor allem in der Meditation. Der Buddha soll selbst zur kritischen Überprüfung seiner Lehren aufgefordert haben. Der Dalai Lama schreibt:

> In einer berühmten Formulierung, in der der Buddha seine Anhänger aufforderte, die Gültigkeit seiner Lehren nicht einfach nur aus Ehrfurcht gegenüber seiner Person zu akzeptieren, stellte er die Autorität seiner eigenen Worte infrage. […] sollten die Menschen, so lautet der Ratschlag Buddhas,

> die Richtigkeit seiner Worte persönlich untersuchen und in ihrer eigenen Erfahrung überprüfen. (Dalai Lama 2011, S. 30)

Diese beiden Vertreter des Christentums und des Buddhismus stellen für mich Beispiele dar für Personen, die gefestigte Überzeugungen und Einstellungen besitzen, aber offen sind für andere Anschauungen. Und sie sind interessiert an einem echten Dialog mit Vertretern anderer Richtungen und an einer kritischen Überprüfung der eigenen Standpunkte.

8.3 Einwände gegen kompatibilistische Theorien

Viele Hirnforscher vertreten die Auffassung von Prinz: „Für mich ist unverständlich, dass jemand, der empirisch Wissenschaft betreibt, glauben kann, dass freies, also nicht determiniertes Handeln denkbar ist“ (Zitat Pauen 2008, S. 10).

Trotzdem gibt es viele Deterministen, die überzeugte Kompatibilisten sind und Freiheit nicht nur für möglich halten, sondern sie als ein alltägliches Phänomen ansehen. Andere erachten Freiheit als Illusion, die die Menschen möglichst bald über Bord werfen sollten. So verteidigt Daniel Dennett die Freiheit, während z.B. Daniel Wegner sie ablehnt, obwohl beide eine naturalistische Weltsicht vertreten.

Es stellt sich die Frage, ob es gute Gründe gibt, als Determinist Kompatibilist zu sein, Freiheit also trotz allgemeiner Geltung deterministischer Gesetze für möglich zu halten.

Ich bin zu der Überzeugung gekommen, dass es in dieser Frage keine absolut zwingenden Argumente geben wird. Die Inkompatibilisten stellen heraus, dass die eigenen Entscheidungen in einer deterministischen Welt in jedem Moment vorherbestimmt sind und es keine alternativen Handlungsmöglichkeiten gibt. Auch wenn es Alternativen gibt, so ist vorherbestimmt, welche ich davon wählen werde. Dem Kompatibilisten dagegen reicht es, wenn ich überlegen kann und wenn das Ergebnis meiner Überlegungen und Planungen in meine Entscheidung und mein Handeln einfließen kann. Welche dieser Einstellungen ist richtig?

Ich möchte ein Beispiel geben, das nicht direkt mit Willensfreiheit zu tun hat, aber die beiden möglichen Haltungen illustrieren soll. In der Mathematik gibt es hin und wieder die Aufgabe, zu zeigen, dass es eine natürliche Zahl n gibt, die eine bestimmte Eigenschaft E hat.[22] Es könnte sein, dass es keine Zahl oder sehr wenige Zahlen mit dieser Eigenschaft gibt. Eine naheliegende Herangehensweise für die Aufgabe ist es, die natürlichen Zahlen systematisch zu durchlaufen und für jede einzelne Zahl zu prüfen, ob sie die Eigenschaft hat. Falls nur wenige Zahlen die gefragte Eigenschaft haben, kann es aber sein, dass die erste derartige Zahl sehr groß ist, z.B. tausende Stellen hat. Auch mit der Rechenkraft von modernen Computern wird man sie nicht in einer praktisch absehbaren Zeit finden können. Man betrachtet dabei die Zahlen als etwas Gegebenes. Die Zahlen sind da, und man kann sie nur durchsuchen. Ändert man den Blick, kann man aber auf die Idee kommen, eine Zahl n mit der gesuchten Eigenschaft zu konstruieren. Man stellt die Zahl her, man konstruiert sie mit Hilfe verschiedener Operationen. Hat man das geschafft, muss man nur noch nachweisen, dass die erzeugte Zahl wirklich die gewünschte Eigenschaft E hat. Mit dieser Vorgehensweise erscheint es auf einmal praktisch möglich, und nicht nur theoretisch, eine Zahl n mit Eigenschaft E zu finden.

Dieser schöpferische Ansatz liegt bei vielen Aufgaben nahe. So würde niemand, der einen Aufsatz über ein Thema schreiben soll, systematisch alle denkbaren Texte durchgehen und bei jedem Text überprüfen, ob er geeignet ist.[23] Man schreibt halt den Text nach seinen Ideen. Beim Programmieren wird man genauso vorgehen. Bei Zahlen ist die Versuchung schon größer, sie nicht als mögliche Produkte eigener Arbeit und Kreativität zu behandeln, sondern als eine Menge vorhandener Entitäten anzusehen.

Der erste Ansatz geht gewissermaßen von einer statischen, unveränderlichen Welt aus, der man passiv gegenübersteht. Der zweite Ansatz sieht den Menschen als Akteur, der aktiv eingreift und kreativ etwas unternehmen und aufbauen kann. Es ist klar, dass wir bei Fragen des Willens und von Entscheidungen meistens von dem zweiten Ansatz ausgehen. Wir machen uns gegenseitig verantwortlich für unser Handeln, wir erwarten und verlangen von uns und anderen ein sinnvolles und überlegtes Verhalten, und wir möchten unsere Zukunft gestalten. Diese

---

[22] Z.B. kann man zeigen, dass es eine Turingmaschine mit einer Nummer n gibt, die bei jeder Eingabe als Ergebnis der Berechnung die eigene Nummer n ausgibt.

[23] Eine Bibliothek aller denkbaren Texte wurde von Jorge Luis Borges in „Die Bibliothek von Babel“ beschrieben (s. Borges 1969, S. 98ff).

Haltung wird nur durchbrochen, wenn äußerer Zwang uns hindert oder wenn innere Zwänge uns in unserer Willensfreiheit einschränken, wie z.B. Süchte, Depressionen, psychische Krankheiten usw.

Diese natürliche Einstellung wird von einigen Wissenschaftlern und Philosophen angezweifelt. Da es für diesen Zweifel keine endgültigen Belege gibt, wird von ihnen ein Eindruck vermittelt, der die Möglichkeit freier Entscheidungen und Handlungen in Frage stellt. Es wird die Sicht nahegelegt, das wir wenig ausrichten können, dass die Welt starr und unveränderlich ist, dass wir keine Rolle spielen. Einige dieser Eindrücke sollen im Folgenden erörtert werden.

Ich sehe deshalb bei der Frage, ob man Kompatibilist sein kann oder nicht, dass Intuitionen im Spiel sind. Diese Intuitionen sind weder richtig noch falsch, sondern sie sind mehr oder weniger angemessen, mehr oder weniger nachvollziehbar. Es werden zum einen Intuitionen ins Spiel gebracht, die einen überhöhten und uneinlösbaren Anspruch an den freien Willen stellen. Es ist ein Absolutheitsanspruch, dem das empirische Subjekt, als das wir uns täglich erfahren, als ohnmächtig gegenübergestellt wird. Auf der anderen Seite steht die Intuition, dass wir bewusst Entscheidungen treffen und verantwortlich für unser Handeln sind.

Ich beziehe mich im Folgenden unter anderem auf die Bücher „Freedom Evolves“ und „Ellenbogenfreiheit“ von Daniel Dennett und „Das Handwerk der Freiheit“ von Peter Bieri, das in einer mehr literarischen Form verfasst ist. Beide Autoren versuchen in den angegebenen Werken, einen Perspektivwechsel plausibel zu machen.

Peter Bieri benennt drei Missverständnisse in der Diskussion der Willensfreiheit. Eins ist das Missverständnis des reinen Subjekts, das dadurch entsteht, dass für Freiheit die Unbedingtheit des Willens verlangt wird. Das zweite ist das Missverständnis der Ohnmacht, bei dem die mangelnden Möglichkeiten des empirischen Subjekts im Mittelpunkt stehen. Das dritte ist das Missverständnis des Überlegens und der offenen Zukunft, bei dem verlangt wird, dass die alternativen Möglichkeiten nicht nur in der Vorstellung, also beim Überlegen und Phantasieren, vorhanden sind, sondern auch in der Entscheidung und bei der Handlung, also objektiv. Das letzte Missverständnis hatte ich schon in dem

Kapitel „Fähigkeit zur Antizipation – Das Argument alternativer Möglichkeiten“ behandelt. Die beiden anderen Missverständnisse werden in den folgenden Abschnitten angesprochen.

Bieri will nicht zeigen, dass bestimmte Aussagen über den unbedingten Willen oder die Ohnmacht des Menschen falsch sind. Er will eher zeigen, dass bestimmte Worte in einem unpassenden Kontext verwendet werden. Er orientiert sich dabei auch an der Sprachphilosophie von Ludwig Wittgenstein, wie sie in den „Philosophischen Untersuchungen“ entwickelt wurde.

> Man zieht *assoziative Linien* aus, die in anderen Zusammenhängen durchaus zu dem Wort gehören, aber nicht in unserem jetzigen Kontext. Das kann man auch so ausdrücken: Man *dramatisiert* ein Wort durch eine assoziative Umgebung, die in dem fraglichen Zusammenhang nicht gerechtfertigt ist. (Bieri 2005, S. 249)

Es werden durch den Gebrauch von Worten in einem falschen Kontext Assoziationen und Intuitionen erzeugt, die zu Folgerungen führen, die nicht zwingend sind. „Oftmals weiß der Benutzer des Worts auf undeutliche Weise, daß er die Grenze rechtmäßiger Assoziation überschreitet, und nun versucht er, diese Grenze zu kaschieren, indem er das Wort *beschwört*“ (Bieri 2005, S. 250).

Ein Beispiel Bieris dafür ist der Fall, wenn das Wort *Bedingtheit* durch das Wort *Abhängigkeit* ersetzt oder erläutert wird. Bedingtheit ist ein allgemeines Wort, das anzeigt, dass etwas dazu beiträgt, dass etwas anderes geschieht. Z.B. ist mein Wunsch, viel Geld zu verdienen, eine der Bedingungen, BWL zu studieren. Ich könnte aber auch Ingenieurswissenschaften studieren oder ohne Studium an der Börse spekulieren. Auf der anderen Seite könnte ich auch BWL studieren, weil mich das Fach interessiert oder weil ich das erworbene Wissen in einer gemeinnützigen Organisation einbringen möchte. Wenn diese Bedingtheit als Abhängigkeit dargestellt wird, wird eine bestimmte Assoziation nahegelegt.

> Nüchterne, unpersönlich gemeinte Wörter werden mit Assoziationen unterlegt, die aus der Sphäre stammen, in der Menschen andere Menschen in ihrer Freiheit einschränken. Daß Menschen einander Bedingungen ihres Handelns diktieren, die sie in Forderungen kleiden, ist die eine Sache, und sie hat tatsächlich mit Unfreiheit zu tun. Eine ganz andere Sache ist, daß es für den

Willen Bedingungen gibt: Das heißt nur, daß bestimmte Dinge innerhalb und außerhalb einer Person *der Fall sein müssen*, damit es überhaupt einen bestimmten Willen geben kann. Von seiner Logik her hat dieser Zusammenhang weder mit Unfreiheit noch mit Freiheit zu tun. (Bieri 2005, S. 252)

In dem Beispiel von der Suche nach einer natürlichen Zahl mit einer Eigenschaft kann die Sicht unwillkürlich umkippen. Mal sieht man die Zahlen als eine gegebene Menge, dann wieder als etwas, was konstruiert werden kann. Diese Sichtweisen kippen so, wie auch die Perspektive des Neckerwürfels alle paar Sekunden wechselt. Dieses Umkippen beschreibt Bieri an einer Stelle:

> Wenn man Sie daran erinnert, daß Ihnen Möglichkeiten nur etwas nützen, wenn sie als Vorstellungen in Ihnen gegenwärtig sind, und daß es die Aufgabe dieser Vorstellungen ist, Ihren Willen festzulegen, so mag es Ihnen gehen wie beim Anblick eines Bildes, das plötzlich umkippt und Ihnen eine ganz andere Gestalt zeigt als zuvor. Mit einemmal sind die objektiven Möglichkeiten und der dazugehörige unbedingte Wille weg, und an ihre Stelle sind Vorstellungen und ein durch und durch bedingter Wille getreten. Wenn man sich die Sache so zurechtlegt, dann läßt sich das Argument, das aus der Idee des Überlegens die Idee des unbedingten Willens ableitet, als der Versuch verstehen, das gedankliche Umkippen rückgängig zu machen und die ursprüngliche gedankliche Gestalt wiederherzustellen. (Bieri 2005, S. 292)

Im Folgenden sollen einige ausgewählte Intuitionen betrachtet werden, die anscheinend der Idee widersprechen, dass Willensfreiheit und Determinismus vereinbar sind.

8.3.1 Manipulationen

Zum Absolutheitsanspruch für die Freiheit gehört auch die Forderung, dass Entscheidungen nicht durch Manipulationen zustande gekommen sein sollten. Viele Manipulationsargumente (z.B. *zygote-* und *four-case*-Argument, s. Walter 2016, S. 60ff) erzeugen den Eindruck, dass es zwischen dem normalen Zustandekommen unserer Entscheidungen und der Entscheidung unter Manipulationen keinen wesentlichen Unterschied gibt. Wir sind also immer manipuliert, nicht durch böse Chirurgen oder Hypnotiseure, sondern durch die physischen und sozialen Bedingungen.

Für Walter gilt: Der Vergleich von Manipulationen mit unserer deterministischen Entwicklung ist harmlos, denn wenn wir unserem Charakter entsprechend handeln, ist es gleichgültig, wie sich dieser Charakter gebildet hat.

> Das alles macht aber nichts. Solange wir mit dem, was uns zur Verfügung steht, reflektiert den Willen ausbilden, bei dem uns ›wohl‹ ist, der sich unser Selbstbild fügt, mit dem wir uns vor dem Hintergrund unseres Präferenz- und Werteprofils vorbehaltlos identifizieren können, und wir diesen Willen dann in ein entsprechendes Verhalten überführen, spricht nichts dagegen, dass wir frei sind. Es ist völlig in Ordnung, dass uns die Parameter vorgegeben werden. Wichtig ist, was wir im Rahmen des Vorgegebenen daraus machen. Darin liegt unsere Freiheit. (Walter 2016, S. 380)

Wenn man nicht verlangt, dass eine freie Entscheidung durchgängig nur von anderen freien Entscheidungen und Handlungen abhängt, dann kommt es nur darauf an, dass die aktuelle Entscheidung die persönlichen Präferenzen berücksichtigt, auf Überlegung und der Antizipation der Zukunft beruht und offen ist für Alternativen. Eine Manipulation in böser Absicht macht das nur unwahrscheinlicher. Auf der anderen Seite kann gerade eine Manipulation dazu führen, dass ein Mensch überhaupt erst zu freien Entscheidungen fähig wird. Nehmen wir an, dass eine Person im Koma liegt und nur durch einen chirurgischen Eingriff aus dem Koma geholt werden kann. Die Person kann dazu natürlich keine Einwilligung geben. Es handelt sich bei dem Eingriff um eine Manipulation, aber eine in guter Absicht. Und erst durch die Manipulation kann die Person wieder aus dem Koma erwachen und nach einiger Zeit die Fähigkeit wiedererlangen, Entscheidungen zu treffen und Pläne zu machen. Wenn Willensfreiheit eine Fähigkeit ist, dann kommt es nicht darauf an, wie sie zustande gekommen ist, sondern ob diese Fähigkeit vorliegt. Genauso hat jemand, der 100 m in 11 Sekunden laufen kann, eine Fähigkeit. Es ist dabei egal, ob er die Fähigkeit durch angeborenes Talent, durch hartes Training, durch Doping oder durch technische Manipulationen erworben hat. Es könnte nur passieren, dass die Fähigkeit in einem Wettbewerb wegen der Art ihres Erwerbs nicht anerkannt wird.

Dennett betont, dass wir Menschen in der Entwicklung (der eigenen und der Menschheit) die Fähigkeit entwickelt haben, Manipulationen zu erkennen und uns dagegen zu wappnen. Menschen können aus der Erfahrung lernen. Wenn sie einmal manipuliert worden sind, werden sie evtl. besser aufpassen und Manipulationsversuche früher erkennen. Wir können also eine gewisse Immunität gegen Manipulation erwerben. Hinzu kommt, dass wir mit anderen Menschen kommunizieren und dadurch ebenfalls von den Möglichkeiten von Beeinflussung erfahren können. Wir können uns damit z.B. auch gegen Betrugsversuche immunisieren, von denen wir selbst noch nicht betroffen waren. Wir sind also Manipulationen nicht absolut wehrlos ausgeliefert. Deshalb ist die Möglichkeit von Manipulationen noch keine prinzipielle Bedrohung der Freiheit.

Viele der Manipulationsargumente lassen auch keine wirkliche Beurteilung des Freiheitsgrades der Entscheidung zu. Es sollen hier nur einige wenige Gedankenexperimente zur Manipulation thematisiert werden.

Das *four-case*-Argument stammt von Derk Pereboom (s. Pereboom 2007): Plum erfüllt alle kompatibilistischen Anforderungen an Freiheit. Er durchläuft aber eine normative Willensbildung, die zu einer Mordentscheidung führt.

1. Im ersten Fall stoßen Neurowissenschaftler Abwägungen an, die zu einem Mord führen. Plum ist dann nicht frei.

2. Im zweiten Fall wird Plum von Neurowissenschaftlern bei seiner Geburt so programmiert, dass er später mordet. Da Plum ähnlich wie im ersten Fall manipuliert wird, ist er nicht frei.

3. Im dritten Fall wird der Mord durch das soziale Umfeld bewirkt. Wenn Plum im zweiten Fall unfrei ist, dann auch in diesem Fall.

4. Im vierten Fall wächst Plum ganz normal auf und kommt im Willensbildungsprozess zur Mordentscheidung. Da dieser Fall ähnlich zum dritten ist, bedeutet das auch Unfreiheit.

In diesem Beispiel wird nicht ins Auge gefasst, wie die Mordentscheidung zustande kommt. So könnte die Programmierung im zweiten Fall darin bestanden haben, die Person so zu beeinflussen, dass sie zu ethischen und moralischen Urteilen fähig wird und den Mut aufbringt, einen gefährlichen Despoten umzubringen. Dieses Verantwortungsbewusstsein könnte auch durch Erziehung und soziale Einflüsse entstanden sein (dritter Fall). Der erste Fall ist anders zu behandeln. Dabei werden der Person bestimmte Gedanken eingegeben, gegen die sie sich anscheinend nicht wehren kann. Die Person ist damit tatsächlich ohnmächtig. Aber wenn die Einflussnahme darin besteht, dass die Person in ihrer Fähigkeit zu abgewogenen Urteilen gefördert wird, dass sie kreativer wird und mutiger und ihre Interessen besser wahrnehmen kann, dann handelt es sich eher um eine Maßnahme, welche die Freiheit fördert statt sie zu vereiteln.

Das *four-case*-Argument spiegelt also dem Leser vor, dass die Entscheidung der manipulierten Person in den ersten drei Fällen unfrei ist, und daraus folgt, da die nicht manipulierte Person der Person in den anderen Fällen in allen wichtigen Aspekten gleicht, dass auch diese unfrei ist. Dabei wird aber nicht untersucht, ob die einzelne Handlung frei zustande gekommen ist. Vielmehr wird durch das Wort „Mord" nahegelegt, das die Handlung unfrei sein muss. Das ist aber nicht selbstverständlich.

Im *zygote*-Argument von Alfred Mele (s. Mele 2006) wird Ernie *in utero* so geschaffen, dass er 30 Jahre später eine bestimmte Handlung ausführt. Bernie wird dagegen ohne künstlichen Eingriff normal geboren, aber ist in allen relevanten Hinsichten genauso wie Ernie, und vollzieht die gleiche Handlung. Beide denken über ihre Entscheidung nach, sind urteilsfähig, stehen unter keinem Zwang und verfügen über die nötige Selbstkontrolle. Wenn Bernie frei handelt, dann muss das auch für Ernie gelten. So wird jedenfalls in diesem Argument geschlossen. In diesem Beispiel wird allerdings – im Unterschied zum *zygote*-Beispiel – dargestellt, wie es zu der konkreten Entscheidung kommt. Wenn Ernie vor der Handlung über diese nachdachte, verschiedene Alternativen erwog, und in seiner Abwägung zu der Feststellung kam, dass die Handlung die beste Möglichkeit darstellte und mit seinen Überzeugungen und Präferenzen weitestgehend übereinstimmte, dann hat er wahrscheinlich aus freiem Willen gehandelt. Und wenn Bernie auf die gleiche Weise zu seinem Entschluss kommt, so ist er in seiner Entscheidung genauso frei wie Ernie. Falls aber Ernie unfrei entscheidet, z.B. weil er leicht beeinflussbar ist, und für Bernie das gleiche gilt, dann ist bei beiden die Entscheidung nicht durch einen freien, sondern einen eingeschränkten Willen zustande gekommen.

Weitere Manipulationsbeispiele hat Harry Frankfurt angeführt. Dabei soll sich eine Person zwischen zwei Alternativen entscheiden. Der Person wurde lange vorher eine Schaltung ins Gehirn eingepflanzt, die von einem Neurochirurg unbemerkt von außen gesteuert werden kann. Die Person kann die beiden Alternativen abwägen und über die Vor- und Nachteile nachdenken. Sie entscheidet sich dann für die erste Alternative. Hätte sich aber abgezeichnet, dass sie sich für die zweite Alternative entscheiden wollte, hätte der Neurochirurg eingegriffen. Die Person hätte dann ebenfalls die erste Option gewählt.

Nach der Intuition der meisten wäre die Wahl ohne jegliche Manipulationsmöglichkeit eine freie Entscheidung. Allerdings hat die Person wegen des Eingriffs durch den Neurochirurgen objektiv nicht mehr die Wahl zwischen zwei Möglichkeiten. Das würde dafür sprechen, dass keine freie Entscheidung vorliegt. Nach den hier vorgeschlagenen Kriterien ist die Entscheidung allerdings als frei zu bewerten. Denn die Person entscheidet nach ihren Präferenzen, sie urteilt und wägt ab, und sie hat beide Optionen vor Augen. Würde es allerdings notwendig werden, dass der Neurochirurg eingriffe und durch Manipulation die für ihn richtige Option durchsetzte, dann wäre die Entscheidung nicht frei. Es kommt darauf an, ob zum Zeitpunkt der Entscheidung unsere Kriterien erfüllt sind oder nicht. Die Freiheit wird nicht dadurch eingeschränkt, dass merkwürdige Bedingungen zu der Entscheidung führen könnten oder dass die Entscheidung manipuliert werden könnte.

Dies sind nur einige Fälle, die unsere Freiheitskriterien in Manipulationsbeispielen erläutern sollen. Die Literatur zu Manipulationen ist umfangreich und das Thema könnte ausufernd behandelt werden. Sven Walter schreibt dazu ironisch:

> Auch die ausgefeiltesten Frankfurt-Fälle haben Inkompatibilisten aber natürlich nicht zu überzeugen vermocht [...], und so ist auch um diesen Punkt ein unerquicklicher Disput entbrannt, der nur noch den wahrlich leidensfähigsten Anhänger von ›*dialectical delicacies*‹ [...] in intellektuelle Ekstase versetzen kann [...]. (Walter 2016, S. 64)

8.3.2 Bedingtheit des Willens – Das Konsequenzargument

Ein weiterer Absolutheitsanspruch fordert, dass nicht nur die aktuelle Entscheidung oder Handlung frei erfolgt, sondern auch die Handlungen und Entscheidungen, die zu früherer Zeit dahin geführt haben. Nach dem Konsequenzargument liegen aber in einer deterministischen Welt die frühen Ereignisse, die zu unserem jetzigen Handeln geführt haben, vor unserer Geburt.

Diese Forderung ist aber zu stark. Dennett führt dazu das Beispiel des Säugetiers an. Nach Definition ist ein Säugetier immer ein Kind eines Säugetiers. Also kann es kein erstes Säugetier geben. Also kann es überhaupt keine Säugetiere geben. Es ist klar, dass diese Argumentation nicht richtig ist. Es gab wohl einen langsamen Übergang, in dem Säugetiere entstanden. Es gab Übergangsformen, die nur ansatzweise die Eigenschaften von Säugetieren aufwiesen.[24] Genauso musste sich die Fähigkeit zu freiem, verantwortungsvollem und selbstbestimmtem Handeln erst entwickeln, sowohl beim Einzelnen als auch in der Entwicklung der Menschheit.

Der Absolutheitsanspruch, der gegenüber dem freien Willen erhoben wird, führt zu einem Freiheitsbegriff, der in sich widersprüchlich ist. Diejenigen, die uns wegen der Forderung nach Absolutheit des Willens sagen, dass wir leider nicht frei sind, bedauern, dass wir etwas nicht haben, von dem sie nicht wissen, was es überhaupt sein soll. Sie laufen damit einer Chimäre nach.

Denn mit dem Absolutheitsanspruch wird ein unbedingter Wille verlangt, der von nichts abhängt, nicht von natürlichen Anlagen, nicht von der Erziehung, von keinen Motiven und Präferenzen, nicht von den Einflüssen der Umwelt und der Gesellschaft. Die Willensentscheidung darf nur von mir abhängen, aber nicht von mir als Person, die sich entwickelt und eine Lebensgeschichte hat. Aber dieses eigenschaftslose Selbst, dass für eine freie Entscheidung verantwortlich wäre, hätte nichts mit mir als wirklichem Subjekt zu tun. Es wäre mir fremd, und seine Entscheidung wäre für mich etwas Fremdes, das ich nur über mich ergehen lassen kann. Ich hätte nicht das Gefühl, selbstbestimmt zu handeln. Die Entscheidung und die Handlung wären für mich etwas Zufälliges, entsprechend äußert sich Sven Walter:

[24] Ein heute noch lebendes Beispiel ist das australische Schnabeltier, das ein eierlegendes Säugetier ist.

> Umgekehrt ist Letzteres – eine *Willens*freiheit im Sinne eines unbedingten Willens – in den Augen anderer für einen ›freien Willen‹ nicht nur nicht notwendig, sondern ihm entweder abträglich, weil ein gänzlich unbedingtes Wollen kein Wille, sondern eine uns überhaupt nicht mehr zurechenbare, vollkommen kapriziöse Willkür wäre […], oder gar unmöglich, weil die Forderung, wir müssten wollen können, was wir wollen, zu einem unendlich Regress von Willensbildungen zu führen scheint (vgl. Schopenhauer […]). (Walter 2016, S 12f)[25]

Deshalb fordern viele Philosophen gerade die Bedingtheit des Willens und sogar die Determiniertheit. Peter Bieri schreibt: „*Die Freiheit des Willens liegt darin, dass er auf ganz bestimmte Weise bedingt ist: durch unser Denken und Urteilen*" (Bieri 2005, S. 80).

Bieri verlangt, dass freie Handlungen von unserem Willen ausgehen, nicht von einem fremden Willen. Damit die Handlung frei ist, muss aber auch der Wille durch eine freie Entscheidung zustande kommen. Und der Wille ist frei, wenn er durch unsere Überlegung und unsere Phantasie, durch unsere Antizipation der Zukunft gebildet wird. Der Wille unterliegt, damit er frei sein kann, zwangsläufig Bedingungen. Was ich will, hängt auch von meinen Gefühlen, meinem Charakter, meiner Geschichte ab. Sonst wäre es nicht mein Wille. Bieri schreibt: „Ein vollständig ungebundener Wille wäre *niemandes* Wille und also *kein* Wille" (Bieri 2005, S. 53). Würde unser Wille ohne Bedingungen gebildet werden, so wäre er nicht in unserer Persönlichkeit verankert. Er hätte keine Beziehung zu unserem Leben. Die Entscheidungen und Handlungen, die von ihm ausgehen, wären für uns vollkommen zufällig und unvorhersehbar. Sie würden uns so vorkommen, als wenn eine andere Person unvermittelt in unser Leben eingreifen würde. „Freiheit in diesem Sinn ist nicht nur mit Bedingtheit *verträglich* und braucht sie nicht zu fürchten; sie *verlangt* Bedingtheit und wäre ohne sie nicht denkbar" (Bieri 2005, S. 166).

> Nehmen wir an, Sie hätten einen unbedingt freien Willen. Es wäre ein Wille, der von nichts abhinge: ein vollständig losgelöster, von allen ursächlichen Zusammenhängen freier Wille. Ein solcher Wille wäre ein aberwitziger,

[25] Hier wird auf die Preisschrift aus dem Jahr 1839 verwiesen (Schopenhauer 1978).

> abstruser Wille. Seine Losgelöstheit nämlich würde bedeuten, daß er unabhängig wäre von Ihrem Körper, Ihrem Charakter, Ihren Gedanken und Empfindungen, Ihren Phantasien und Erinnerungen. Es wäre, mit anderen Worten, ein Wille ohne Zusammenhang mit all dem, was Sie zu einer bestimmten Person macht. In einem substantiellen Sinne des Worts wäre er deshalb gar nicht *Ihr* Wille. Statt zum Ausdruck zu bringen, was *Sie* – dieses bestimmte Individuum – aus der Logik Ihrer Lebensgeschichte heraus wollen, bräche ein solcher Wille, aus einem kausalen Vakuum kommend, einfach über Sie herein, und Sie müßten ihn als einen vollständig entfremdeten Willen erleben, der meilenweit von der Erfahrung der Urheberschaft entfernt wäre, zu deren Rettung er doch eingeführt wurde. (Bieri 2005, S. 230)

Das sind keine empirischen Erkenntnisse. Der Widerspruch ergibt sich aus dem Begriff eines unbedingten Willens. Die Idee eines solchen Willens wurde gebildet, um die Urheberschaft der Person zu retten, aber es zeigt sich bei näherer Betrachtung, dass solch ein unbedingter Wille gerade die Person als Urheber ausschließt. Der Begriff eines unbedingten Willens ist damit in sich widersprüchlich. „Überhaupt ist es keine Feststellung, die man durch die Betrachtung eines *Phänomens* gewinnt. Es ist eine Feststellung über die *Idee* des Willens. Es ist eine *begriffliche* Feststellung“ (Bieri 2005, S. 239). An anderer Stelle drückt Bieri das noch pointierter aus:

> Beim Glauben an die unbedingte Freiheit des Willens handelt es sich um eine andere Art von Irrtum. Strenggenommen konnte sich dieser Glaube nicht einmal als falsch herausstellen, denn er hatte von Anfang an keinen in sich stimmigen Gehalt, der wahr oder falsch hätte sein können. Es ist nicht so, daß wir eine klare Überzeugung hatten und daß wir sie aufgeben mußten, weil uns die Tatsachen eines Besseren belehrten. Der Irrtum war größer und tückischer: Wir glaubten, einen Gedanken zu haben, von dem sich herausstellte, daß er keiner war. (Bieri 2005, S. 244)

Walter kennzeichnet den kompatibilistischen Standpunkt in ähnlicher Weise:

> Freie Entscheidungen und Handlungen, so der Gegenentwurf (einiger) *kompatibilistischer* Freiheitstheorien, dürfen gerade *nicht* indeterminiert sein, sondern müssen just auf die richtige Weise determiniert sein – nämlich durch die Überzeugungen, Wünsche, Neigungen, Motive, Absichten, Ziele usw. des Akteurs. (Walter 2016, S. 5)

8.3.3 Scheinbare Ohnmacht des empirischen Subjekts

Wenn von Determinismus die Rede ist, drängen sich Vergleiche mit extrem einfachen Systemen auf. Deterministische Abläufe werden z.B. am Billardspiel erläutert, wo das gesamte Geschehen auf einfache Stoßgesetze zurückgeführt werden kann. Als Beispiel dienen auch oft die Bewegungen von Himmelskörpern, bei denen Gravitations- und Bewegungsgesetze die Abläufe bestimmen. Dennett führt als Beispiel für Vereinfachung die Grabwespe Sphex an (s. Dennett 2015, S. 22ff). Sie gräbt im Sand ein Loch, in das sie ein betäubtes Insekt legt und ihre Eier ablegt. Dann füllt sie das Loch wieder mit Sand auf. Die später schlüpfenden Larven der Wespe nutzen dann das Insekt als Nahrung. Die Wespe legt das Insekt zunächst am Rande des Lochs ab, kriecht in das Loch, um nachzusehen, ob alles in Ordnung ist, krabbelt dann wieder heraus, um das Insekt in das Loch zu ziehen. Wenn aber jemand das Insekt in der Zwischenzeit ein wenig verrückt, zieht die Wespe nach dem Herauskommen das Insekt wieder an den Rand und wiederholt die Prozedur. Das wurde bei Versuchen bis zu vierzigmal wiederholt, ohne dass die Wespe von ihrem Tun abließ. Dennett beschreibt das als Beispiel für ein ererbtes und starres Verhalten, das nicht flexibel an die Umstände angepasst werden kann. Er nennt solch ein Verhalten Sphexhaftigkeit und schreibt: „Eine der mächtigsten Tendenzen in der Literatur über den freien Willen ist die Angst vor Sphexhaftigkeit“ (Dennett 2015, S. 23). Und er führt weiter aus:

> Könnte es nicht so sein, daß das Schicksal der Wespe nicht deswegen zu furchtbar ist, weil ihre Handlungen und „Entscheidungen“ *verursacht* werden, sondern weil sie so *einfach* verursacht werden? Wenn es so ist, dann kann der anerkannte Unterschied zwischen dem Gegenstand unserer Intuitionenpumpe und uns – unserer Komplexität – verhindern, daß wir die Schrecklichkeit, die wir in dem einfachen Fall sehen, erben. (Dennett 2015, S, 24f)

Dennett sieht die extreme Vereinfachung als eine nur scheinbare Gefahr für unsere Freiheit. Diese Gefahr ist nicht so groß, wie sie erscheint, weil wir viel komplexere Wesen sind, die flexibel auf Veränderungen reagieren können.

Eine Unvereinbarkeit von Determinismus und Freiheit wird auch nahegelegt, wenn das bewusste Handeln und Entscheiden auf eine Ebene gesetzt wird mit vollkommen unbewusst ablaufenden Verhaltensweisen. Libet macht das z.B., wenn er argumentiert, dass ein unbewusst eingeleitetes Veto nicht als Zeichen eines freien Willens gewertet werden darf:

> Beispielsweise gelten Handlungen einer Person während eines psychomotorischen epileptischen Anfalls oder einer Person mit einem Tourette-Syndrom nicht als Handlungen aus freiem Willen. Warum sollte dann eine Handlung, die von einer normalen Person unbewußt entwickelt wird, ein Prozeß, über den sie ebenfalls keine bewußte Kontrolle hat, als ein Akt des freien Willens betrachtet werden? (Libet 2004, S. 279)

Hier wird also eine bewusste Entscheidung mit einem Automatismus gleichgesetzt. Dabei wird der entscheidende Unterschied ignoriert. Bei einem epileptischen Anfall gibt es keine bewusste Entscheidung für den Anfall, und es gibt auch keine Möglichkeit, den Anfall abzubrechen. Das gleiche gilt für Tics und Flüche bei Menschen mit Tourette-Syndrom. Die Personen können die Ausfälle im allgemeinen nicht unterbinden. Sie können automatische Bewegungen in manchen Fällen abändern oder in andere Handlungen einbinden. Bei bewussten willkürlichen Handlungen ist das anders. Man kann normalerweise, falls man sich nicht in einem Ausnahmezustand befindet, ein Verhalten unterbrechen, wenn man bemerkt, dass es nicht passend ist, oder es gleich unterlassen, obwohl man daran denkt und es zeigen möchte, aber es letztlich doch für unpassend hält.

Dennett schreibt, dass das Selbst vollkommen machtlos und überflüssig wird, wenn man es klein macht, wenn man also alles als extern ansieht.

> As I never tire of pointing out, all the work done by the imagined homunculus in the Cartesian Theater has to be broken up and distributed in space *and time* in the brain. It is once again time to repeat my ironic motto: If you make yourself really small, you can externalize virtually anything. (Dennett 2003, S. 238)[26]

Wenn man alles, was zu einer Person gehört, externalisiert, bleibt nur noch ein eigenschaftsloser Punkt zurück, der nicht entscheiden, nicht handeln und – genau betrachtet – nicht einmal beobachten kann, weil die Beobachtung keine rein

---

[26] In „Freedom Evolves" schreibt Dennett in einer Fußnote, um Missverständnisse auszuräumen: „Of course, what I meant to stress with my ironic formulation was the converse: You'd be surprised how much you can internalize, if you make yourself large" (Dennett 2003, S. 122).

passive Tätigkeit ist, sondern Fähigkeiten voraussetzt. Das Subjekt wird zu einem abstrakten Punkt jenseits und außerhalb der Welt.

8.3.4 Diskussion der Einwände

Es wurden einige Einwände gegen die Möglichkeit der Freiheit aufgeführt. Vor allem wurde von Peter Bieri gezeigt, dass die Forderung nach einem unbedingten Willen zu einem Freiheitsbegriff führt, der inkonsistent ist. Ein unbedingter Wille, der von nichts abhinge, wäre für die handelnde Person etwas Fremdes. Sie würde sich nicht als der eigentliche Akteur erleben. Es ist durchaus möglich, sich auf diesen Begriff von Freiheit zu versteifen. Man weiß dann aber im Vorhinein, dass es Freiheit nicht geben kann. Es ist in diesem Fall nicht mehr nötig, empirische Experimente auszuführen und zu interpretieren.

Es ist keine Frage von Wahrheit oder Falschheit, ob man den Begriff der Freiheit so definieren möchte, sondern eine Frage des Sprachgebrauchs. Den absoluten Begriff der Freiheit kann man nicht sinnvoll verwenden, er ist unnütz. Wenn man die Freiheit in diesem absoluten Sinne definiert, bedeutet das einen Verzicht auf die Verwendung des Begriffs. Das hat den Nachteil, dass man die Unterschiede bei den Freiheitsgraden, die man bei Tieren und Menschen feststellen kann, nivelliert. Alle Lebewesen sind dann gleichermaßen unfrei, was extrem vereinfachend und kontraintuitiv ist.

Desgleichen führt die Forderung, dass eine freie Entscheidung objektive Alternativen voraussetzt, die nicht nur in unserer Vorstellung existieren, dazu, dass unser Verhalten mit dem einfachster Lebewesen gleichgesetzt wird, oder dazu, dass Entscheidungen völlig zufällig entstehen. Auch diese Forderung führt zu einem Freiheitsbegriff, der nicht anwendbar ist. Es gibt dann aus rein begrifflichen Gründen keine Freiheit.

Es ist also, bevor man die Frage stellt, ob der Mensch frei sei, der Begriff der Freiheit zu klären. Die unbedingte Freiheit kann es nicht geben. Möchte man einen Freiheitsbegriff verwenden, der im Alltag einen Sinn haben kann, so muss es ein minimalistischer Begriff sein im Sinne von Sven Walter oder Michael

Pauen, ein Begriff, der keine metaphysisch überhöhten und unerfüllbaren Anforderungen beinhaltet, sondern eine Funktion im Alltag des Menschen spielen kann.

Der Begriff sollte deshalb auch so definiert sein, dass man meist (aber nicht immer), feststellen kann, ob ein Mensch mehr oder weniger frei entschieden und gehandelt hat. Wenn man – wie die Libertarier – für Freiheit voraussetzt, dass bei der Entscheidung eine Lücke im deterministischen Ablauf ausgenutzt wurde, dann kann man nie sagen, ob frei entschieden oder gehandelt wurde. Dass eine indeterministische Lücke bei der Entscheidung vorlag, ließe sich überhaupt nicht, und wenn, dann höchstens mit Techniken der Zukunft im Labor feststellen. Im täglichen Leben wäre der Begriff der Freiheit nutzlos. Beispielsweise fordert Robert Kane, wie Walter schreibt: „[…] gleichwohl müssen aber zumindest einige wichtige Entscheidungen und Handlungen, durch die wir unseren Charakter prägen (sogenannte ›self-forming actions‹ oder ›self-forming choices‹), im Sinne eines Anderskönnens ›bei uns stehen‹ und können daher keine hinreichenden Ursachen haben […]" (Walter 2016, S. 56).

Es ist aber nicht festzustellen, ob eine einzelne Entscheidung eine der „self-forming choices" ist, ob sie zumindest darauf zurückzuführen ist, oder ob sie hinreichend durch Ursachen bestimmt ist. Somit wäre es im Alltag unsinnig, einer Person Freiheit zu- oder abzusprechen.

Das gleiche gilt auch für den Freiheitsbegriff bei Immanuel Kant. Frei ist die Person für ihn, wenn sie nicht nur pflichtgemäß handelt, sondern aus Pflicht. Das leitende Motiv einer Handlung soll die Pflicht sein und nicht persönliche Interessen und Vorlieben. Aber es lässt sich kaum entscheiden, ob der ehrliche Kaufmann seine Kunden aus Pflicht fair behandelt, oder ob er das tut, weil er beliebt sein möchte oder die Konkurrenz fürchtet. Selbst bei jemandem, der sein Leben für die Rettung eines anderen Menschen riskiert, können eigene Interessen oder charakterliche Schwächen eine Rolle spielen, z.B. der Wunsch, als Held gefeiert zu werden, übermäßiger Ehrgeiz, Selbstüberschätzung usw.

Auch ein minimalistischer Freiheitsbegriff wie der hier geprägte (in Kap. 8.2) lässt immer Zweifel zu, ob eine Handlung als mehr oder weniger frei einzuschätzen ist. Es geht nicht darum, Kriterien für eine absolut sichere Beurteilung zur Verfügung zu stellen. Der Begriff sollte so definiert sein, dass wir meistens oder zumindest in vielen Fällen etwas über die Freiheit der handelnden Person sagen können. Wir können in vielen Fällen beurteilen, ob eine Handlung den uns bekannten Präferenzen der Person entspricht und wir können fragen, aus welchen Gründen sie sich für eine bestimmte Option entschieden hat und welche Alternativen sie überhaupt ins Auge gefasst hat.

Prinzipiell ist es möglich, den Begriff der Freiheit als absolute und unbedingte Freiheit zu definieren. Man weicht dann aber vom normalen Sprachgebrauch ab. Da der absolut gefasste Begriff inkonsistent ist, stellt er keine vernünftige Alternative zu dem Begriff dar, wie er in der Alltagssprache gebraucht wird. Es ist durchaus möglich, dass sich ein Begriff der normalen Sprache als ungenügend herausstellt. Z.B. kann man zeigen, dass der Begriff des Flächeninhalts, wie man ihn normalerweise auffasst, sinnvoll für einfache Flächen ist, z.B. Rechtecke, Kreise und Dreiecke, aber auf beliebige Flächen angewandt widersprüchlich wird. Deshalb werden mathematische Begriffe wie z.B. das Lebesgue-Maß definiert. Begriffe wie Kraft, Energie, Arbeit und Leistung werden im Alltag verwendet, ohne sie genau voneinander abzugrenzen. In der Physik ist es unverzichtbar, diese Begriffe genau zu definieren. Sie haben dann unterschiedliche und klar umrissene Bedeutungen und können nicht mehr miteinander verwechselt werden. Es kann also durchaus berechtigt sein, vom üblichen Sprachgebrauch abzuweichen. Aber es sollte dafür gute Gründe geben. Diese sind im Falle des Begriffs der Freiheit nicht wirklich ersichtlich.

9 Weitere Aspekte der Freiheitsdebatte

In diesem Buch können nicht alle Fragen der Willensfreiheit behandelt werden. Zwei Themen wurden wenig oder gar nicht angesprochen, die aber für eine umfassende Diskussion sicherlich wichtig wären.

Für viele Philosophen spielt die Moral eine große Rolle für die Freiheit. Hier ist natürlich Immanuel Kant zu nennen, für den der kategorische Imperativ die Grundlage der Freiheit ist. Auch heutige Freiheitstheorien sehen im moralischen Urteil einen wesentlichen Faktor. Auch wenn die Moral nicht zum zentralen Thema gemacht wird, spielt sie in den Beispielen immer wieder eine Rolle. So wird oft vorausgesetzt, dass eine unmoralische Handlung nicht wirklich frei sein kann. Für unfreie Handlungen werden immer wieder Mord, Betrug, Lüge, Diebstahl usw. als Beispiele genannt. Der manipulative Neurochirurg nutzt seine Fähigkeiten natürlich nicht dazu aus, einem Menschen zu helfen, sondern ihn zum Mord oder ähnlichem zu bewegen.

Nach den hier entwickelten Kriterien scheint Moral eine untergeordnete Rolle zu spielen. Freie Entscheidungen sind ein Ausdruck der Präferenzen und Wertvorstellungen, der Vielfalt der vorgestellten Möglichkeiten und der Urteilsfähigkeit. So ist denkbar, dass eine Person gern wohlhabend sein möchte. Sie wägt die verschiedenen Optionen für ein angenehmes Leben ab und kommt zu dem wohlüberlegten Urteil, dass Betrügereien über das Internet gute Einnahmen bei sehr geringer Gefahr der Überführung und Bestrafung versprechen. Die Person plant ihr Vorgehen gründlich und hat Erfolg mit ihrer Masche. Es lässt sich schwerlich abstreiten, dass die Person ihre Entscheidung einer freien Willensbildung verdankt. Sie würde vor Gericht auch für ihr Handeln voll verantwortlich gemacht werden.

Allerdings lässt sich auch mit unseren Kriterien für eine moralisch begründete Freiheit argumentieren. Denn moralische Motive erweitern das Reservoir an Handlungsalternativen enorm. Die eng eingegrenzte egoistische Perspektive kann verlassen werden zugunsten einer weiteren, freieren und umfassenderen Weltsicht. Wenn es Grade der Freiheit gibt, so ist es vorstellbar, das die Einbeziehung moralischer Motive weitere Optionen eröffnet und zu größerer Freiheit führen kann. Ferner soll nach den hier erörterten Kriterien Freiheit auch davon abhängen, dass die Entscheidungen sich nach den Präferenzen der Person richten. Eine Person mit gefestigten moralischen Werten und Überzeugungen hat eventuell ausgeprägtere und stabilere Präferenzen als jemand, der sich nach seinen gerade vorherrschenden Neigungen richtet.

Ein zweiter Aspekt wurde ebenfalls nicht berücksichtigt, nämlich die Interpretation von Freiheit in unterschiedlichen Kulturen. Von einigen Autoren wird zumindest erwähnt, dass Freiheit in unserer westlichen Kultur stark individualistisch gedeutet wird, während in asiatischen Kulturen die Verbindung mit der Gemeinschaft stärker betont wird. Diese Frage wird auch von Sven Walter angesprochen:

> Vor allem die Frage, ob unsere intuitive Freiheitsgewissheit so verbreitet und unantastbar ist, wie in der Regel angenommen wird, ist für die Freiheitsdebatte von zentraler Bedeutung. Diese Debatte erschiene nämlich in einem völlig neuen Licht, wenn sich herausstellte, dass die Vorstellung individueller Freiheit ein typisch westliches Konstrukt ist und in anderen Kulturkreisen überhaupt nicht vorkommt. (Walter 2016, S. 43)

Auch innerhalb unserer westlichen Kultur wird der Grad der Freiheit unterschiedlich beurteilt. Ob eine Handlung als frei angesehen wird, hängt stark von den Wertvorstellungen und Einstellungen des oder der Beurteilenden ab.

So wird von vielen erwartet, dass die freie Entscheidung eine sichere Entscheidung ist. Das ist anscheinend auch bei den *mesh theories* von Harry Frankfurt der Fall. Um Manipulationsargumenten gegen den Kompatibilismus zu begegnen, fordert er, dass es Volitionen erster und zweiter (oder noch höherer) Stufe gibt. Eine Entscheidung ist dann meine Entscheidung, wenn meine Wünsche zweiter Stufe festlegen, welche Wünsche erster Stufe handlungswirksam werden sollen, und es mir auch gelingt, genau diese Wünsche zu realisieren.

> Wir sind frei, so Frankfurt, insofern wir es schaffen, auf erster Stufe jene Wünsche handlungswirksam werden zu lassen, die unseren Volitionen zweiter Stufe entsprechen, und uns auf diese Weise mit unserem Willen ›identifizieren‹, ihn rückhaltlos (*wholeheartedly*) als den ›unseren‹ anerkennen. (Walter 2016, S. 66)

Man soll sich also mit den Wünschen und Absichten identifizieren, die zur Handlung führen. „Freiheit besteht demzufolge in der Übereinstimmung (mesh) zwischen hierarchisch geordneten volitionalen Zuständen" (Walter 2016, S. 66). Damit wird das Handeln eines Drogenabhängigen, der unter seiner Sucht leidet, als unfrei angesehen. Aber der fanatische Attentäter wäre frei, weil er voll und ganz hinter seinen Aktionen stände, auch wenn seine Motive noch so fragwürdig wären. Das ist schwer einzusehen. Walter schreibt zu den *mesh theories*:

> Zum anderen provoziert sie [die Erwiderung der *mesh theories*] natürlich den Vorwurf, dass es alles andere als offensichtlich ist, warum derjenige, der nicht anders kann, aber gerne anders möchte, in Sachen Freiheit und moralischer Verantwortung schlechter dastehen sollte als derjenige, der ebenfalls nicht anders kann, sich aber mit dem unvermeidbaren Tatsächlichen arrangiert und getreu dem Motto ›Wenn dem Fuchs die Trauben zu hoch hängen, sind sie sauer‹ kurzerhand beschließt, das wollen zu wollen und für gut und richtig zu befinden, was er nun einmal will. (Walter 2016, S. 67)

Es nicht einzusehen, dass unbeirrbare Sicherheit und Überzeugung ein Kennzeichen von Freiheit sein sollte. Zur Freiheit kann auch die Unsicherheit, der Zweifel, die Unruhe, die Qual, aber auch die Neugier und Freude bei der Suche nach der richtigen Entscheidung gehören.

10 Fazit

10.1 Der Stellenwert der neurowissenschaftlichen Experimente

Es wurden hier viele Ergebnisse neurowissenschaftlicher Experimente in Frage gestellt, vor allem aber philosophische Schlussfolgerungen aus den Experimenten, die die Willensfreiheit betreffen. Dadurch kann der Eindruck entstanden sein, dass diese Experimente als überflüssig angesehen werden. Aber ich bin durchaus davon überzeugt, dass derartige Experimente sinnvoll und aussagekräftig sein können. Es ist allerdings nötig, die zentralen Begriffe zu klären und nicht vorschnell Schlüsse für die Willensfreiheit zu ziehen. Es zeigt sich dann, dass die Experimente, wenn man einen kohärenten Begriff der Willensfreiheit entwickelt, überhaupt nicht dazu geeignet sind, die Freiheit des Willens nachzuweisen oder zu widerlegen. Das heißt aber nicht, dass neurowissenschaftliche Experimente keine Bedeutung für die Untersuchung von Entscheidungen haben. So sind diese Experimente aufschlussreich für kurzfristige Entscheidungen. Vor allem hat es Konsequenzen, dass Reize und innere Vorgänge mit einer Verzögerung von 200-400 ms bewusst werden.

Die angesprochenen neurowissenschaftlichen Experimente machen nur Aussagen für proximale Entscheidungen. Es können Handlungen mit neuronalen Aktivitäten in Verbindung gebracht werden, die wenige Sekunden vorher gemessen wurden. Die Bedeutung dieser Gehirnaktivitäten lässt sich nur entschlüsseln, wenn Handlungen oder Berichte in zeitlich kurzem Abstand damit korrespondieren. Es kann z.B. mit neuen Methoden nach langem Training festgestellt werden, ob jemand an einen Hund oder an eine Katze denkt.[27] Aber es lässt sich nicht herausfinden, warum die Person an einen Hund denkt, ob sie vielleicht einen Hund anschaffen möchte, oder ob sie an einen bestimmten Hund denkt, den eine Bekannte besitzt, oder ob sie an eine Briefmarke mit einem Hundebild denkt. Vor allem ist es praktisch unmöglich, lange Gedankengänge und Überlegungen durch

[27] K. O'Craven und N. Kanwisher konnten mittels fMRT herausfinden konnten, ob Probanden Fotos von Personen oder Orten anschauten oder daran dachten. Haynes konnte in 85% der Fälle herausfinden, ob Probanden ein rotes oder blaues Muster anschauten (s. Walter 2016, S. 154).

EEG oder bildgebende Verfahren aus den Messwerten zu rekonstruieren. Es ist deshalb sicherlich unmöglich, distale Entscheidungen aus Gehirnaktivitäten abzuleiten und damit viel später erfolgende Handlungen vorherzusagen.

Ein Fehler vieler Deutungen liegt darin, dass ein freier Wille ein bewusster Eingriff in deterministische Abläufe sein soll und dass durch einen Willensimpuls Handlungen initiiert werden sollen. So hat Libet festgestellt, dass Handlungen anscheinend nicht vom bewussten Willen initiiert werden und dass allenfalls ein bewusstes Veto möglich sei.[28] Hier sind die Hinweise von Goschke weiterführend. Er sieht die Funktion des bewussten Willens nicht darin, neue Handlungen in Gang zu setzen, sondern darin, verschiedene Aktivitäten, sowohl bewusste als auch unbewusste, zu modulieren. Dabei wird vorausgesetzt, dass allen mentalen Aktivitäten neuronale Abläufe zugrunde liegen. Als wichtigen Bereich des Gehirns für diese Steuerung sieht Goschke den präfrontalen Kortex an, aber nicht als Zentrale, von der alle Befehle ausgehen, sondern als Vermittlungsstelle in Zusammenarbeit mit anderen kortikalen und subkortikalen Strukturen. Bewusste Absichten initiieren dann nicht neue Handlungsabläufe, sondern sie stellen eine Bereitschaft her, bestimmte Aktivitäten zu verstärken und zu unterstützen und andere zu dämpfen oder zu unterdrücken.

Diese Deutung entspricht eigentlich auch unseren Erfahrungen. Wenn wir einen Willen entwickeln, entstehen dadurch nicht unbedingt neue Ideen. Wir erzeugen eher eine Bereitschaft, Ideen und Phantasien kommen weiter spontan. Aber wir sind dann geneigt, einige Gedanken weiterzuverfolgen und andere beiseite zu lassen. Wenn wir z.B. mit dem Auto zur Arbeit fahren, sind wir soweit geschult, dass wir uns auf die Straße konzentrieren, uns nur kurz ablenken lassen, unsere

---

[28] Libet geht nicht nur davon aus, dass wir unsere Handlungen nicht bewusst initiieren. Auch unsere Gedanken entstehen unbewusst. Aus diesem Grund können wir nicht verantwortlich dafür gemacht werden, was wir denken, sondern nur dafür, welche Gedanken wir in Handlungen umsetzen: „Ethical systems deal with moral codes or conventions that govern how one behaves toward or interacts with other individuals; they are presumably dealing with actions, not simply with urges or intentions. Only a motor act by one person can directly impinge on the welfare of another. Since it is the performance of an act that can be consciously controlled, it should be legitimate to hold individuals guilty of and responsible for their acts“ (Libet 1999a, S. 54). Deshalb ist es für Libet nicht sinnvoll, wenn von einigen religiösen Richtungen gefordert wird, keine „sündigen“ Gedanken zuzulassen. Der Mensch kann nicht für seine Gedanken verantwortlich gemacht werden, sondern nur für sein Handeln.

Aufmerksamkeit vom Radioprogramm abziehen, wenn etwas plötzlich auf der Straße auftaucht. Wir programmieren uns, bestimmte Reize nicht oder nur gedämpft auf uns einwirken zu lassen. Andere Reize werden, wenn sie auftauchen, schnell fokussiert und konzentriert verfolgt.

Für die Erforschung des bewussten Willens wäre es sicherlich wichtig, neurowissenschaftliche Experimente zu machen, mit denen die Gehirnaktivitäten untersucht werden können, die Entscheidungen und absichtlichem Handeln zugrunde liegen. Goschke wirft z.B. die Frage auf, wie wichtig dafür der präfrontale Kortex ist, welche Teile des präfrontalen Kortex involviert sind, wie er mit den anderen Gehirnarealen interagiert usw. Wichtig könnte dabei auch das Bindungsproblem sein, das bis heute noch nicht befriedigend gelöst ist. Denn bei beabsichtigten Handlungen spielen viele unterschiedliche Vorstellungen und mentale Inhalte eine Rolle: Präferenzen, Wünsche, Normen, Wertvorstellungen, Wissen, Phantasien, Hoffnungen, Antizipationen. All diese Vorstellungen müssen zusammengeführt und austariert werden.

10.2 Die Gefährdung der Freiheit

Ich bin in dieser Arbeit teilweise Walter und Pauen in ihrer kompatibilistischen Sicht gefolgt. Danach gehört zur freien Willensbildung, dass Entscheidungen auf den persönlichen Präferenzen und Werten beruhen. Als Hauptproblem zeigte sich, dass eine Person von ihnen auch dann als frei angesehen wird, wenn sich die Präferenzen und Wertvorstellungen durch eine Manipulation dauerhaft geändert haben. Das ist nicht plausibel, auch wenn der Gedanke einleuchtet, dass es für freie Willensentscheidungen nicht darauf ankommen sollte, auf welchem Wege sie zustande gekommen sind. Deshalb habe ich als wesentliches Kriterium für den freien Willen die Antizipation hinzugenommen. Ihre Rolle wird von Dennett, Bieri und auch Goschke beschrieben. Im einfachen Fall bietet die Fähigkeit der Antizipation eine größere Flexibilität im Verhalten. In weiter entwickelter Form ermöglicht sie Offenheit für die Zukunft, die Möglichkeit, sein Leben zu gestalten und seine Perspektive zu wechseln. Willensfreiheit besteht im besten Fall darin, über eine gefestigte Persönlichkeit mit gewachsenen Überzeugungen zu verfügen *(Verankerung in der Vergangenheit)*, flexibel und vorausschauend zu agieren

(Offenheit für die Zukunft), und über die Urteilskraft zu verfügen, beides in Einklang zu bringen *(Überlegung und Bewertung in der Gegenwart)*.

Auch wenn man eine so definierte Willensfreiheit mit dem Determinismus für vereinbar hält, so ist sie doch immer auch gefährdet. Sven Walter sieht die größte Gefahr für die Freiheit nicht im Einwand des Determinismus. Dabei argumentiert er im wesentlichen damit, dass der Determinismus nicht empirisch belegt werden kann und eine metaphysische Behauptung ist. Dennett geht hier konsequenter vor. Er geht von einem deterministischen Weltbild aus. Zwar ist von Indeterminismen im Mikrokosmos der Elementarteilchen auszugehen, aber diese Lücken im Determinismus sind nicht freiheitsfördernd. Überall, wo zufällige Ereignisse, wie z.B. der nicht berechenbare Zeitpunkt für den Zerfall eines einzelnen Atoms, eine Rolle spielen, könnten pseudozufällige Ereignisse die gleiche Rolle spielen. Ob ich eine Entscheidung von einem scheinbar zufälligen Münzwurf, der nach deterministischen Gesetzen abläuft, abhängig mache, oder von der objektiv zufälligen Messung eines Quantenbits in einem Quantencomputer, macht für das Handeln keinen wirklichen Unterschied.

Walter sieht eine viel größere Bedeutung in den Ergebnissen sozial-psychologischer Experimente:

> In empirischer Hinsicht wird dafür argumentiert, dass sich aus den üblicherweise angeführten neurowissenschaftlichen und psychologischen Befunden keine nachhaltige Einschränkung unserer Freiheit ableiten lässt. Allerdings legt gerade die bislang kaum beachtete empirische Sozialpsychologie zumindest den Verdacht nahe, dass die Umsetzung unseres Vermögens der reflektierten normativen Willensbildung im Alltag öfter beeinträchtigt ist, als es mit einer umfassenden Freiheit vereinbar wäre, sodass wir seltener und damit insgesamt weniger frei sind, als es unsere Selbstwahrnehmung und weite Teile der philosophischen Freiheitsdebatte suggerieren. (Walter 2016, S. 7f)

Sven Walter sieht also in den Ergebnissen der Neurowissenschaft keine wesentliche Gefährdung der Freiheit. Als gefährlicher sieht er das Urheberargument und das Unbewusstheitsargument an. Er führt für das *Urheberargument* Beispiele aus Daniel Wegners Buch „The Illusion of Conscious Will“ an. Wegner gibt Experimente an, in denen sich ein Akteur seine eigene Handlung nicht zuschreibt, sondern einer anderen Person, und ebenso welche, bei denen jemand, der nicht Verursacher einer Handlung ist, sich selbst als Akteur sieht. Ein Beispiel für das erste Phänomen ist die sogenannte „facilitated communication“ (FC), bei der eine Person einem Autisten beim Tippen auf einer Tastatur assistiert.[29] Die Person denkt, dass der Autist den Text tippt, aber nach Ansicht vieler Wissenschaftler gehen die Bewegungen unbewusst oder halbbewusst vom Assistierenden aus. So wurde in einigen Versuchen nachgewiesen, dass der Autist, dem assistiert wurde, Fragen anscheinend richtig beantworten konnte. Der Autist hatte dabei aber nicht das für die Antwort erforderliche Wissen, sondern nur die assistierende Person. Für das andere Phänomen gibt Wegner eine eigene Erfahrung an. Wegner spielte in einem Geschäft mit einem Videospiel (s. Wegner 2018, S. 8f). Erst nach einiger Zeit merkte er, dass er keinerlei Einfluss hatte, sondern dass es sich nur um eine einleitende Demo handelte. Bei wissenschaftlichen Versuchen wurden Personen zu dem Glauben geführt, sie hätten eine Taste gedrückt, obwohl sie es nicht getan haben.

Walter sieht aber in solchen Beispielen keine zwingende Gefährdung der Willensfreiheit. Es handelt sich aus seiner Sicht nicht um alltägliche Phänomene. Sie können auftauchen, aber eher in Ausnahmesituationen.

Eine größere Gefahr sieht Walter im *Unbewusstheitsargument*. Dazu gibt es viele sozialpsychologische Experimente. In diesen Versuchen zeigt sich, dass Menschen oft eine Entscheidung treffen, für die sie Gründe anführen, die aber für ihre Entscheidung nicht ausschlaggebend sind. Die wirklichen Gründe sind ihnen nicht bewusst. Walter beschreibt als Beispiel ein Experiment von Uhlmann und Cohen (s. Walter 2016, S. 95): Für die Leitung einer Polizeidienststelle bewerben sich ein Mann und eine Frau. Der Mann hat eine akademische Ausbildung, die Frau nicht, aber dafür eine längere praktische Erfahrung. Eine Mehrheit der Polizeischüler und -schülerinnen hielt den Mann für geeigneter wegen seiner akademischen Ausbildung. Bei weiteren Tests fragte man andere Schüler, aber die

[29] Die assistierende Person legt dabei seine bzw. ihre Hand auf die Hand, mit der der Autist oder die Autistin den Text auf einer Schreibmaschine oder einem Computer schreibt. Der Assistent versucht dabei, nicht selber die Hand der schreibenden Person zu führen, sondern nur zu unterstützen (s. Wegner 2018, S. 185ff).

Eigenschaften der Bewerber waren vertauscht. Wieder wurde der Mann vorgezogen, diesmal mit der Begründung, er hätte mehr Diensterfahrung. Der eigentliche Grund der Entscheidung war den Schülern anscheinend nicht bewusst: sie hielten einen Mann für geeigneter.[30]

Es gibt viele Beispiele für einen Irrtum über die Gründe der eigenen Entscheidungen. Walter sieht hierin die größte Gefährdung der Willensfreiheit. Gleichwohl ist er der Ansicht, dass man nicht immer irrt, wenn man sich irren kann, und dass man nicht immer unfrei handelt, weil das in manchen Fällen möglich ist.

> Diese Befunde zeigen keinesfalls, dass wir zur reflektierten normativen Willensbildung niemals und uneingeschränkt gar nicht in der Lage sind. Sie lassen aber vermuten, dass es uns womöglich schwerer fällt zu sagen, was uns antreibt, als viele von uns vortheoretisch vermuten und dass wir in der Ausübung unserer entsprechenden Fähigkeiten häufiger und stärker beeinträchtigt sind, als uns mit Blick auf unsere intuitive Freiheitsgewissheit lieb sein kann. (Walter 2016, S. 308)

Die neurowissenschaftlichen Experimente liefern keinen Beweis dafür, dass wir keine Willensfreiheit haben. Aber die sozial-psychologischen Experimente zeigen empirisch, dass unsere Freiheit gefährdet ist. Zum Glück haben wir die Fähigkeit, uns dieser Gefährdung bewusst zu sein und den Einschränkungen entgegenzusteuern.

Wichtig ist dabei die Idee, die von Walter und Pauen vertreten wird, dass es nicht um die Frage geht, ob wir frei sind oder nicht, sondern wie frei wir sind. Freiheit ist ein graduelles Phänomen, eine Fähigkeit, an der wir arbeiten müssen. Diese Idee vertritt auch Bieri. Er prägt den Begriff des angeeigneten Willens. Es geht ihm darum, „daß die Freiheit des Willens etwas ist, das man sich *erarbeiten* muß“ (Bieri 2005, S. 383). Zur Aneignung gehört für ihn erstens die klare Artikulation, was man will, zweitens das Verstehen des Willens und drittens die Bewertung des eigenen Willens, wobei der eigene Wille gutgeheißen oder

[30] Dieser Schluss ist allerdings nicht zwingend. Es haben nicht alle Polizeischüler für den Mann als Leiter gestimmt. Es kann also sein, dass sich einige an der Qualifikation des Bewerbers orientiert haben und nicht am Geschlecht. Ferner kann es sein, dass sich einige bewusst für den Mann entschieden haben, weil sie einen Mann für geeigneter hielten, dies aber nicht zugeben mochten und einen anderen Grund vorgaben.

abgelehnt wird. Die sprachliche Artikulierung meines Willens hilft, mir über meinen Willen klar zu werden und langfristige Ziele festzulegen. Das Verstehen sorgt dafür, dass ich erkenne, ob ich hinter meinen Wünschen und Entscheidungen stehe, oder ob sie eigentlich für anderes stehen, was ich mir nicht eingestehe. Schließlich muss ich den Willen, den ich entwickle, bewerten. Entspricht mein Wille wirklich meinem Selbstbild? Der freie Wille ist also etwas, woran man arbeiten muss.

> Es ist die Freiheit als Unbedingtheit, die eine Freiheit ein für allemal wäre und eine Freiheit, die entweder eindeutig besteht oder nicht besteht. Wenn man sich nämlich von dieser Idee und ihrem Schatten, den sie in so viele Richtungen wirft, ganz löst, so erscheint es einem *selbstverständlich*, daß die Freiheit des Willens etwas ist, das kommen und gehen, erreicht werden und wieder verlorengehen kann. (Bieri 2005, S. 409)

Literaturverzeichnis

Beckermann, Ansgar 2008: *Analytische Einführung in die Philosophie des Geistes.* 3., aktualisierte und erw. Aufl. Berlin [u.a.]: de Gruyter.

Beckermann, Ansgar 2014: *Gehirn, Ich, Freiheit.* Münster: Mentis.

Bennett, Maxwell R.; Hacker, Peter Michael Stephan 2010a: *Bewusstsein und Selbstbewusstsein.* Einführung von Annemarie Gethmann-Siefert. Kurs 03363. Hagen: Fernuniversität in Hagen.

Bennett, Maxwell; Dennett, Daniel; Hacker, Peter; Searle, John 2010b: *Neurowissenschaft und Philosophie: Gehirn, Geist und Sprache.* Berlin: Suhrkamp.

Bennett, Maxwell R.; Hacker, Peter Michael Stephan 2010c: *Die philosophischen Grundlagen der Neurowissenschaften.* Übers. v. Axel Walter. Darmstadt: WBG.

Bieri, Peter 2005: *Das Handwerk der Freiheit.* Dritte Auflage. Frankfurt am Main: Fischer Taschenbuch Verlag.

Blackmore, Susan 2007: *Gespräche über Bewusstsein.* Frankfurt am Main: Suhrkamp.

Borges, Jorge Luis 1969: *Labyrinthe.* Zweite Auflage. München: Deutscher Taschenbuch Verlag.

Dalai Lama, Tenzin Gyatso 2011: *Die Welt in einem einzigen Atom: meine Reise durch Wissenschaft und Buddhismus.* Freiburg, Basel, Wien: Herder.

Damasio, Antonio R. 2015: *Descartes´ Irrtum.* Berlin: List Verlag.

Dennett, Daniel C. 2003: *Freedom Evolves.* London: Penguin Books.

Dennett, Daniel C. 2015: *Ellenbogenfreiheit.* Hamburg: CEP Europäische Verlagsanstalt.

Frank, Manfred 2013: „Im fremden Blick" Artikel über Wolfgang Prinz in: *DIE ZEIT* vom 11.7.2013, 45.

Fuchs, Thomas 2010: „Personale Freiheit. Ein libertarisches Freiheitskonzept auf der Grundlage verkörperter Subjektivität“ in: Fuchs, Thomas; Schwarzkopf, Grit (Hg.): *Verantwortlichkeit – nur eine Illusion?* Heidelberg: Universitätsverlag Winter, 203-228.

Geyer, Christian (Hg.) 2004: *Hirnforschung und Willensfreiheit. Zur Deutung der neuesten Experimente.* Frankfurt am Main: Suhrkamp.

Goschke, Thomas 2006: „Der bedingte Wille. Willensfreiheit und Selbststeuerung aus der Sicht der kognitiven Neurowissenschaft“ in: Roth, Gerhard; Grün, Klaus-Jürgen (Hg.): *Das Gehirn und seine Freiheit.* Göttingen: Vandenhoeck & Ruprecht, 107-156.

Gräb-Schmidt, Elisabeth 2010: „Die Aufgabe der Verantwortung als Erfahrung der Freiheit“ in: Fuchs, Thomas; Schwarzkopf, Grit (Hg.): *Verantwortlichkeit – nur eine Illusion?* Heidelberg: Universitätsverlag Winter, 275-294.

Haggard, Patrick; Eimer, Martin 1999: „On the relation between brain potentials and the awareness of voluntary movements“ in: *Experimental Brain Research* 126, 128-133.

Haggard, Patrick; Clark, Sam; Kalogeras, Jeri 2002: „Voluntary action and conscious awareness“ in: *nature neuroscience* 5 (4), 382-385.

Haynes, John-Dylan; Soon, Chun Siong; Brass, Marcel; Heinze, Hans-Jochen 2008a: „Unconscious determinants of free decisions in the human brain“ in: *nature neuroscience* 11 (5), 543-545 [mit zusätzlichem Material „Supplementary Information“, 2-26].

Haynes, John-Dylan 2008b: „Brain scanner predicts your future moves“, in: *Nature Neuroscience*, https://www.newscientist.com/article/dn13658-brain-scanner-predicts-your-future-moves/ (Zugriff 30.4.2020) [Interview mit John-Dylan Haynes].

Haynes, John-Dylan; Soon, Chun Siong; Hanxi He, Anna; Bode, Stefan 2013: „Predicting free choices for abstract intentions“ in: *Proceedings of the National Academy of Sciences of the United States of America* 110 (15), 6217-6222, https://www.pnas.org/content/110/15/6217 (Zugriff 7.5.2019).

Haynes, John-Dylan; Schulze-Kraft, Matthias; Birman, Daniel; Rusconi, Marco; Allefeld, Carsten; Görgen, Kai; Dähne, Sven; Blankertz, Benjamin 2016: „The point of no return in vetoing self-initiated movements“ in: *Proceedings of the National Academy of Sciences of the United States of America* 113 (4), 1080-1085.

Herrmann, Christoph S.; Pauen, Michael; Min, Byoung-Kyong; Busch, Niko A.; Rieger, Jochem W. 2008: „Analysis of a choice-reaction task yields a new interpretation of Libet's experiments“ in: *International Journal of Psychophysiology* 67, 151-157.

Herrmann, Christoph S.; Dürschmid, Stefan 2010: „Von Libet zu einer „neuen“ Willensfreiheit: Bewusste versus unbewusste Handlungsabsichten“ in: Fuchs, Thomas; Schwarzkopf, Grit (Hg.): *Verantwortlichkeit – nur eine Illusion?* Heidelberg: Universitätsverlag Winter, 127-146.

Jackson, Frank 2009: „Epiphänomenale Qualia“ in: Metzinger, Thomas (Hg.): *Grundkurs Philosophie des Geistes, Bd. 1. Phänomenales Bewusstsein.* Paderborn: mentis Verlag, 83-97.

Keller, I.; Heckhausen, H. 1990: „Readiness potentials preceding spontaneous motor acts - voluntary vs. involuntary control“, in: *Electroencephalography and clinical Neurophysiology* 76, 351-361.

Kornhuber, Hans H.; Deecke, Lüder 1965: „Hirnpotentialänderungen bei Willkürbewegungen und passiven Bewegungen des Menschen: Bereitschaftspotential und reafferente Potentiale“, in: *Pflügers Archiv* 284, 1-17.

Küng, Hans; Ess, Josef van; Stietencron, Heinrich von; Bechert, Heinz 1984: *Christentum und Weltreligionen. Islam, Hinduismus und Buddhismus.* Frankfurt am Main, Wien: Büchergilde Gutenberg.

Leibniz, Gottfried Wilhelm 1956: *Vernunftprinzipien der Natur und der Gnade. Monadologie.* Hamburg: Felix Meiner.

Libet, Benjamin; Gleason, Curtis A.; Wright, Elwood W.; Pearl, Dennis K. 1983: „Time of conscious intention to act in relation to onset of cerebral activity (readiness-potential): the unconscious initiation of a freely voluntary act", in: *Brain* 106, 623-642.

Libet, Benjamin; Kommentatoren 1985: „Unconscious cerebral initiative and the role of conscious will in voluntary action", in: *Behavioral and Brain Sciences* 8, 529-566.

Libet, Benjamin 1999a: „Do We Have Free Will?" in: *Journal of Consciousness Studies* 6 (8-9), 47-57.

Libet, Benjamin; Freeman, Anthony; Sutherland, Keith (Hg) 1999b: *The Volitional Brain,* Exeter: Imprint Academic.

Libet, Benjamin 2004: „Haben wir einen freien Willen?", deutsche Übersetzung von Jürgen Schröder in: Geyer, Christian (Hg.): *Hirnforschung und Willensfreiheit. Zur Deutung der neuesten Experimente.* Frankfurt am Main: Suhrkamp, 268-289.

Libet, Benjamin 2007: *Mind Time. Wie das Gehirn Bewusstsein produziert.* Übers. v. Jürgen Schröder. Frankfurt am Main: Suhrkamp.

Mele, Alfred 2006: *Free will and luck.* Oxford, New York: Oxford University Press.

Metzinger, Thomas (Hrg.) 2009: *Grundkurs Philosophie des Geistes, Bd. 1. Phänomenales Bewusstsein.* Paderborn: mentis Verlag.

Metzinger, Thomas (Hrg.) 2007: *Grundkurs Philosophie des Geistes, Bd. 2. Das Leib-Seele-Problem.* Paderborn: mentis Verlag.

Metzinger, Thomas (Hrg.) 2010: *Grundkurs Philosophie des Geistes, Bd. 3. Intentionalität und mentale Repräsentation.* Paderborn: mentis Verlag.

Nahmias, Eddy 2019: „Wie frei ist der Mensch?“ in *Spektrum.de*, https://www.spektrum.de/news/wie-frei-ist-der-mensch/1361221 (Zugriff 29.6.2019).

Pauen, Michael 2008: *Illusion Freiheit?* Frankfurt am Main: Fischer.

Pereboom, Derk 2007: „Hard incompatibilism“ In: Fischer, John Martin; Kane, Robert; Pereboom, Derk; Vargas, Manuel (Hg.): *Four views on free will.* London: Blackwell Publishing, 85–125.

Popper, Karl R. ; Eccles, John C. 1989: *Das Ich und sein Gehirn.* München: Piper

Prinz, Wolfgang 2004a: „Der Mensch ist nicht frei. Ein Gespräch“ in: Geyer, Christian (Hg.): *Hirnforschung und Willensfreiheit. Zur Deutung der neuesten Experimente.* Frankfurt am Main: Suhrkamp, 20-26.

Prinz, Wolfgang 2004b: „Kritik des freien Willens“, in: *Psychologische Rundschau* 55 (4), 198-206.

Roth, Gerhard 2003: *Aus Sicht des Gehirns.* 1. Auflage, Frankfurt am Main: Suhrkamp.

Roth, Gerhard 2004a: „Worüber dürfen Hirnforscher reden – und in welcher Weise?“ In: Geyer, Christian (Hg.): *Hirnforschung und Willensfreiheit. Zur Deutung der neuesten Experimente.* Frankfurt am Main: Suhrkamp, 66-85.

Roth, Gerhard 2004b: „Wir sind determiniert. Die Hirnforschung befreit von Illusionen“ In: Geyer, Christian (Hg.): *Hirnforschung und Willensfreiheit. Zur Deutung der neuesten Experimente.* Frankfurt am Main: Suhrkamp, 218-222.

Roth, Gerhard 2006; Grün, Klaus-Jürgen (Hg.): *Das Gehirn und seine Freiheit.* Göttingen: Vandenhoeck & Ruprecht.

Roth, Gerhard 2010: „Lässt sich Willensfreiheit empirisch überprüfen, und welche Konsequenzen hätte das mögliche Resultat?“ in: Fuchs, Thomas; Schwarzkopf, Grit (Hg.): *Verantwortlichkeit – nur eine Illusion?* Heidelberg: Universitätsverlag Winter, 147-171.

Roth, Gerhard; Strüber, Nicole 2014: *Wie das Gehirn die Seele macht.* Stuttgart: Klett-Cotta.

Roth, Gerhard 2015: *Aus Sicht des Gehirns.* 4. Auflage, Frankfurt am Main: Suhrkamp.

Schnabel, Ulrich; Sentker, Andreas 2004: *Wie kommt die Welt in den Kopf?: Reise durch die Werkstätten der Bewußtseinsforscher.* Reinbek bei Hamburg: Rowohlt.

Schnabel, Ulrich 2005: „Denker des Denkens" Artikel über Wolf Singer in: *DIE ZEIT* vom 10.3.2005, 37.

Schnabel, Ulrich; Assheuer, Thomas 2010: „Die soziale Ich-Maschine" Interview mit dem Psychologen Wolfgang Prinz in: *DIE ZEIT* vom 10.6.2010, 37.

Schopenhauer, Arthur 1978: *Preisschrift über die Freiheit des Willens.* Hamburg: Felix Meiner.

Singer, Wolf 2004: „Verschaltungen legen uns fest: Wir sollten aufhören, von Freiheit zu sprechen" In: Geyer, Christian (Hg.): *Hirnforschung und Willensfreiheit. Zur Deutung der neuesten Experimente.* Frankfurt am Main: Suhrkamp, 30-65.

Singer, Wolf 2006: *Vom Gehirn zum Bewußtsein.* Frankfurt am Main: Suhrkamp.

Sturma, Dieter (Hg.) 2006: *Philosophie und Neurowissenschaften.* Frankfurt am Main: Suhrkamp.

Trevena, Judy Arnel; Miller, Jeff 2002: „Cortical Movement Preparation before and after a Conscious Decision to Move", in: *Consciousness and Cognition* 11, 162-190.

Walter, Sven 2016: *Illusion freier Wille?* Stuttgart: Metzler.

Wegner, Daniel 2018: *The Illusion of Conscious Will.* Cambridge, Massachusetts: The MIT Press.

Wittgenstein, Ludwig 1971: *Philosophische Untersuchungen.* Frankfurt am Main: Suhrkamp.

Danksagung

Das vorliegende Buch ging aus einer Masterarbeit hervor, die ich im Studiengang „Philosophie im europäischen Kontext“ an der Fernuniversität in Hagen angefertigt habe.

Ich danke besonders Herrn Prof. Dr. Busche, der die Arbeit betreut hat. Die Idee zu der Arbeit hat sich in seinen Seminaren über Freiheit und neurowissenschaftliche Forschung herauskristallisiert. Er hat in den Veranstaltungen zu konzentrierter Arbeit und inspirierenden Diskussionen angeregt, wobei die unterschiedlichen Berufserfahrungen vieler Studierender der Fernuniversität von großem Wert sind.

Mein Dank gilt ebenfalls Herrn Dr. Schumann für die Übernahme des Zweitgutachtens. Die spannenden Seminare zur Philosophie des Geistes und zu Wittgenstein bei ihm haben mich beeinflusst, und einige Gedanken sind in die vorliegende Arbeit eingeflossen.

Herr Prof. Dr. Martin Warnke, mein ehemaliger Kollege von der Leuphana Universität Lüneburg, hat mich dankenswerterweise bei der Korrektur des Textes unterstützt. Für noch vorhandene Fehler und Unstimmigkeiten bin ich verantwortlich.

Vielen Dank auch an Herrn Prof. Dr. Jürgen Franz, den ich bei Veranstaltungen der APHIN (Arbeitskreis philosophierender Ingenieure und Naturwissenschaftler) kennengelernt habe. Er hat mich dazu angeregt, meine Masterarbeit auszuarbeiten und zu veröffentlichen.

Dem Verlag Frank & Timme danke ich schließlich für die freundliche Unterstützung bei der Veröffentlichung dieses Buches.

Februar 2023 Uwe Mylatz

PHILOSOPHIE, NATURWISSENSCHAFT UND TECHNIK

Bd. 1 Karsten Berr/Jürgen H. Franz (Hg.): Prolegomena – Philosophie, Natur und Technik. 234 Seiten. ISBN 978-3-7329-0160-9

Bd. 2 Helga Spriestersbach: Die Substanz bei Spinoza und Leibniz. 126 Seiten. ISBN 978-3-7329-0200-2

Bd. 3 Ingo Reiss: Das Verhältnis von Mathematik und Technik bei Nikolaus von Kues. 102 Seiten. ISBN 978-3-7329-0264-4

Bd. 4 Jürgen H. Franz/Karsten Berr (Hg.): Welt der Artefakte. 238 Seiten. ISBN 978-3-7329-0291-0

Bd. 5 Jürgen H. Franz: Nikolaus von Kues – Philosophie der Technik und Nachhaltigkeit. 150 Seiten. ISBN 978-3-7329-0369-6

Bd. 6 Markus Dangl: Naturalistische und eliminative Erkenntnistheorien. Eine Kritik. 106 Seiten. ISBN 978-3-7329-0423-5

Bd. 7 Torsten Nieland (Hg.): Erscheinung und Vernunft – Wirklichkeitszugänge der Aufklärung. 292 Seiten. ISBN 978-3-7329-0520-1

Bd. 8 Friedrich Reinhard Schmidt: Das ist der Mensch. 142 Seiten. ISBN 978-3-7329-0556-0

Bd. 9 Karsten Berr/Jürgen H. Franz (Hg.): Zukunft gestalten – Digitalisierung, Künstliche Intelligenz (KI) und Philosophie. 248 Seiten. ISBN 978-3-7329-0547-8

Bd. 10 Gordon Seitz: Metaphysik und Naturwissenschaft bei Kant und Whitehead. Eine Verhältnisbestimmung. 128 Seiten. ISBN 978-3-7329-0521-8

Bd. 11 Norbert Klöcker: Künstliche Intelligenz und lernende Systeme. Kann ein Computer intelligent handeln? 186 Seiten. ISBN 978-3-7329-0648-2

Frank & Timme

PHILOSOPHIE, NATURWISSENSCHAFT UND TECHNIK

Bd. 12 Henning Stahlschmidt: Zwischen Freiheit und Vernunft – Die Möglichkeit in der Phänomenologie Husserls.
112 Seiten. ISBN 978-3-7329-0792-2

Bd. 13 Jürgen H. Franz/Karsten Berr (Hg.): Menschenrechte und Menschenwürde. Philosophische Zugänge und alltägliche Praxis.
286 Seiten. ISBN 978-3-7329-0815-8

Bd. 14 Uwe Mylatz: Freier Wille – freie Wahl. Eine Kritik neurowissenschaftlicher Zugänge zu Willensfreiheit und Determinismus.
132 Seiten. ISBN 978-3-7329-0927-8

Frank & Timme